Anita van Saan • Petra Schmidt

Girls' Survival-Handbuch

arsEdition

Bibliografische Information Der Deutschen Bibliothek

Die Deutsche Bibliothek verzeichnet diese Publikation in der Deutschen Nationalbibliografie; detaillierte bibliografische Daten sind im Internet unter http://dnb.ddb.de abrufbar.

Text: Anita van Saan
Illustration und Gestaltung:
elektrolyten, Petra Schmidt, München
Umschlagbild: © fotolia – Diego Vargas
ISBN 978-3-7607-6977-6

www.arsedition.de

Inhalt

Gratuliere!

Du bist Besitzerin eines Survival-Handbuchs! Dieses nützliche Buch kann z. B. verhindern, dass du in einem Sumpf von Frust versinkst. Es rettet dich aus dem Jammertal und zeigt dir, wie du den Klauen der Langeweile entkommst. Auch im Umgang mit falschen Schlangen oder Streithähnen, bei Begegnungen mit Haien im Klassenzimmer und auf der Suche nach dem Glück wird es dir gute Dienste erweisen. Das ist noch nicht genug? Du willst außerdem eine pickelfreie Nase, eine tolle Frisur, gute Laune, eine Eins in Mathe und viele nette Freunde? Dann schlag die folgenden Seiten auf und lies nach, wie du dazu kommst! Du hast Krach mit der besten Freundin, bist manchmal grundlos traurig und niemand versteht dich? Kein Problem! Auch dafür findest du hier Anregungen und Lösungsmöglichkeiten. Deine Lehrerin ist herzlos, dein Vater nie da und deine Mutter behandelt dich wie ein Baby? Reg dich nicht auf, hier erfährst du, wie man Eltern und Lehrer betört und ihnen den Wind aus den Segeln nimmt. Kurzum, mit diesem Handbuch wirst du siegreich aus dem Kampf gegen die großen und kleinen Widrigkeiten des Mädchen-Daseins hervorgehen. Du wirst überleben!

Think pink!

Think pink!

Pink ist eine schöne Farbe. O.k., sie steht nicht jedem, und es soll Mädchen geben, die rosafarbene Rüschenkleider einfach kitschig finden. Ein kleines bisschen Pink im Leben würde aber jedem ganz gut tun! Farbpsychologen haben nämlich herausgefunden, dass Pink die Laune hebt und tatsächlich zu einer positiveren Lebenseinstellung führen kann. »Think pink« (denke rosa) soll natürlich nicht heißen, das Leben nur durch die rosarote Brille zu sehen und traurige Tatsachen aus der eigenen kleinen Inselwelt einfach auszublenden. »Think pink« heißt vielmehr, dem Leben auch in scheinbar ausweglosen Situationen positive Seiten abzugewinnen.

Wer alles nur mies macht,
hat schon aufgegeben
und sich dem Unglück
unterworfen.
Und wer soll dann,
bitte schön, die
Welt retten?

Kaum zu glauben!

Rosa galt nicht schon immer als Mädchen-Farbe. Lange Zeit steckte man weibliche Kleinkinder vielmehr in die Marienfarbe Hellblau. Denn bis 1920 bevorzugten viele Männer Kleidung in Rot, der Signalfarbe der Männlichkeit. Rosa, das so genannte »kleine Rot«, durften also nur die Jungen tragen. Zur Zeit des Rokoko (ca. 1720–1780) kleideten sich sogar alte Männer in der Farbe Rosa. Viele Adelige spendeten damals der Kirche ihre abgelegten Kleider. Um sie für kirchliche Gewänder verwenden zu können, wurde Rosa 1729 zur liturgischen (kirchlichen) Farbe erklärt. Seitdem tragen katholische Geistliche am dritten Adventssonntag Rosa, das für Vorfreude und Erwartung steht.

Übrigens waren sogar die ersten Trikots des 1897 gegründeten italienischen Fußballvereins Juventus Turin noch rosa. Balletttänzerinnen trugen dagegen damals weiße oder hellblaue Tutus. Erst in den 1920er-Jahren verlor die religiöse Farbsymbolik an Bedeutung. Babys kleidete man zunächst in Weiß, etwas später dann kleine Mädchen in Rosa und Jungen in Hellblau. Bald galt Rosa sogar als unmännlich. Doch inzwischen tragen auch Männer schon wieder vereinzelt Pink ...

Ha, aber jetzt sind wir Girlies an der Reihe!

Wie du dafür sorgst, dass ab jetzt in deinem Leben die rosaroten Zeiten beginnen

- Besorge dir rosa Geschenkpapier und eine Schere.
- Schneide aus dem Geschenkpapier einen großen Kreis aus und male mit einem dicken Filzstift ein Smiley (ein lachendes Gesicht) darauf.
- Hänge das Smiley neben deinen Schreibtisch oder an einen anderen Platz, an dem es nicht zu übersehen ist.
- Schaue dein rosa Smiley immer wieder an. Vor allem, wenn du gefrustet, traurig oder wütend bist. Lächle ihm zu und schwöre dabei, dass dich nichts und niemand so schnell platt kriegen wird!

Kennst du den?

Warum können Jungs nicht niedlich und schlau zugleich sein???

Weil sie dann Mädchen wären.

Wer hätte das gedacht?!

Statistisch gesehen lacht ein Kind bis zu 400-mal, ein Erwachsener durchschnittlich 15-mal pro Tag. Kicherst du auch? Das solltest du beibehalten! Forscher haben nämlich herausgefunden, dass Lachen sehr gesund ist. Es löst Verspannungen, baut Angst und Stress ab, aktiviert Herz und Kreislauf und setzt die Selbstheilungskräfte des Körpers in Gang. Erstaunlicherweise fördert nicht nur das spontane, natürliche Lachen dein Wohlbefinden. Auch wenn du dein Gesicht zu einem künstlichen Lächeln verziehst, verbessert sich deine Laune. Sogar das Betrachten eines Smileys kann deine Stimmung aufhellen. Besonders, wenn das Smiley rosa ist.

▶▶ Probiere es aus!

Harmonie in allen Ecken

Jedes Lebewesen braucht einen artgerechten Lebensraum. Die Blindschleiche macht es sich unter einem Stück Wellpappe gemütlich, der Ameisenlöwe gräbt sich behaglich in den Sand ein und das Eichhörnchen kuschelt sich in seinen Kobel. Und du? Wo suchst du Geborgenheit und Unterschlupf, um dich von den Abenteuern des Alltags auszuruhen? Gibt es ein Lieblingsplätzchen, an dem du dich so richtig wohl fühlst? Einen Ort, an dem du Energie tanken kannst für neue Herausforderungen? Du musst dazu kein eigenes Zimmer haben. Auch im Kinderzimmer, das du mit deinen Geschwistern teilst, kannst du dir einen Raum schaffen. Eine Zimmerecke, ein Plätzchen nur für dich allein, das du so einrichtest, wie es dir gefällt.

> „Die Basis einer gesunden Ordnung ist ein großer Papierkorb."
>
> Kurt Tucholsky, Schriftsteller (1890–1935)

Kaum zu glauben!

Nach der Lehre des Fengshui fließt in all unseren Wohnräumen und um uns herum Energie. Kann sich diese Energie gleichmäßig ausbreiten, fühlen wir uns wohl. Doch jede Form von Müll, Gerümpel, Kram und Unordnung behindert den Energiefluss, führt zu einem ungesunden Energiestau und lähmt das Leben der Bewohner, behaupten die Fengshui-Experten. Sie gehen davon aus, dass sich nur dann wieder Harmonie im Leben einstellen kann, wenn der angestaute Ballast der Vergangenheit beseitigt ist. Ob wir deshalb manchmal das Gefühl haben, in einem unaufgeräumten Zimmer zu ersticken? Wie auch immer, auf alle Fälle kann es nicht schaden, in seiner Umgebung Ordnung zu schaffen.

Was meinst du?

Wie du dich von nutzlosem Ballast der Vergangenheit befreist

1. Betrachte dein Zimmer. Wo befindet sich nutzloser Ballast? Gibt es voll gestopfte Schränke, Schubladen, Bücherregale, Schmuddelecken unter dem Bett oder hinter dem Schrank, Kleiderhaufen, überquellende Papierkörbe?
2. Mach dir eine Liste aller unaufgeräumten und vermüllten Plätze in deinem Zimmer und hänge sie an deine Pinnwand.
3. Widme dich jeden Tag oder einmal pro Woche einem Plätzchen (z. B. einer Schublade).
4. Sortiere die Gegenstände und beantworte dabei die Fragen: Ist das wirklich nützlich? Finde ich es wirklich schön? Liebe ich das? Wem könnte ich es schenken?
5. Entsorge den unbrauchbaren Müll, sorge für Ordnung und streiche das nun aufgeräumte Plätzchen von deiner Liste.

Gut zu wissen!

Unerlässliche Hilfsmittel bei der Befreiung vom Müll des Alltags sind vier Kisten bzw. Schachteln: In der Müllkiste verschwindet das unbrauchbare Gerümpel, das später im Restmüll entsorgt wird. In die Geschenkkiste kommen Gegenstände, die Freunde und Verwandte gut gebrauchen können. Die Verkaufskiste enthält Gegenstände, die du auf dem Flohmarkt verkaufen willst. In die Übergangskiste kommen Gegenstände, bei denen du unsicher bist. Die Übergangskiste wird ein Jahr lang im Keller oder auf dem Dachboden aufbewahrt. Vermisst du ihren Inhalt nicht, landet er im Mülleimer oder wird verschenkt. Und den Rest, der für dich unverzichtbar zu sein scheint, den räumst du ordentlich auf.

Na, wie fühlst du dich jetzt?

Zoff mit Mama

Da gönnt man sich mal ein bisschen Entspannung, sitzt ganz harmlos vor der Glotze, zieht sich einen Film rein und mampft einen Schokoriegel. Plötzlich kommt eine wild gewordene Furie rein und lässt eine Tirade über ungesunde Ernährung, schädliches Fernsehen und Hausaufgaben vom Stapel. Uff! Ist das etwa Mama? Sie hat sich, wohl mal wieder unter Stress, in eine Meckerliese verwandelt, die nicht aufhören will mit ihren Moralpredigten. Warum hält sie ungefragt Ratschläge für alle Lebenslagen parat, gibt vor Freunden Peinlichkeiten preis und behandelt uns wie ein Baby? Fast beginnen wir die Nörgeltante zu hassen und erinnern uns nur mit Mühe daran, dass sie ja auch ihre guten Seiten hat. Denn immerhin kocht sie unsere Lieblingsgerichte und weiß, was wir uns zum Geburtstag wünschen. Sie rennt zum Elternabend, sorgt dafür, dass unser Gebiss nicht von Karies befallen wird, und erinnert uns an Omas Weihnachtsgeschenk. Wenn wir verschnupft sind und krächzen, hält sie Hustensaft und Tee bereit.

Ja, eigentlich ist es schon gut, eine Mutter zu haben. Manchmal haben wir sie auch wieder so richtig lieb. Schmatz! Manchmal, aber leider nicht immer.

Gut zu wissen!

Mütter haben es nicht leicht. Nach der Geburt eines Kindes übernehmen 70 % der Frauen die notwendigen Tätigkeiten im Haushalt wie Waschen, Putzen, Kochen, Aufräumen, Einkaufen – und sind meist allein für die Kinderbetreuung zuständig. Auch wenn sie später, wenn die Kinder älter sind, wieder in ihren Beruf zurückkehren, fühlen sie sich weiter für Erziehung und Haushalt hauptverantwortlich, während Väter nur Teilaufgaben übernehmen. Die Dreifachbelastung (Beruf, Kindererziehung, Haushaltspflichten) stresst viele Mütter. Kein Wunder, dass sie manchmal nörgeln oder ausrasten!

„Ein Kind ohne Mutter
ist eine Blume ohne Regen."

Indisches Sprichwort

Kennst du den?

Sarah kann nicht einschlafen. »Soll ich sie in den Schlaf singen?«, überlegt die Mutter. »Warte lieber noch«, meint der Vater, »versuchs erst mal im Guten.«

Wie du Mama den Wind aus den Segeln nimmst

- Nutze deine Mutter als persönlichen Coach (Trainer). Höre dir ihre Beschwerden, Sorgen, Ängste, Klagen, Nörgeleien und Schimpftiraden ruhig und gelassen an. Sie meint es nur gut!
- Verzichte auf freche Sprüche oder übereilte Abwehrreaktionen wie »Also, das sehe ich echt nicht ein«, auch wenn du sehr verärgert bist. Erbitte Bedenkzeit, um die Standpauke zu verdauen. Setze dich in ein ruhiges Eckchen, atme zehnmal tief ein und aus und denke über ihre Argumente (Beweisgründe) nach. Sei ehrlich zu dir selbst. In welchen Punkten hat sie Recht?
- Mütter kann man nur mit ihren eigenen Waffen schlagen. Sammle also gute Gegenargumente, wenn sie falsche Behauptungen aufgestellt hat und dir ihre Kritik nicht gerechtfertigt erscheint.
- Bitte sie um Fortsetzung des Gesprächs, trage ihr ruhig und sachlich deine Meinung vor. Gestehe mögliche Fehler ein. Zeige auf, wie du sie zu lösen gedenkst. Biete Kompromisse an.
- Mach deiner Mutter klar, dass du aus dem Trotzalter raus und imstande bist, vernünftig und verantwortungsvoll zu denken und zu handeln.

Lass auf deine guten Vorsätze Taten folgen. Du wirst sehen, schon bald kann sie kaum noch nörgeln. So einfach ist das!

Gut zu wissen!

Dürfen Mütter ihren 10-jährigen Kindern Vorschriften machen? Ja klar! Eltern haben das Recht und die Pflicht, sich um die Ernährung, Körper-, Gesundheitspflege und Erziehung ihrer minderjährigen Kinder zu kümmern und ihre Entwicklung zu fördern. Wenn es dem Kindeswohl dient, können sie auch Befehle erteilen (z.B. »Du gehst in der Kälte nicht ohne Mütze aus dem Haus!«). Doch körperliche und seelische Gewalt ist natürlich verboten. Eltern dürfen ihre Kinder nicht schlagen, misshandeln, missbrauchen, einsperren oder ausbeuten. Selbst eine Ohrfeige ist nicht o.k.! Denn auch Kinder haben Rechte. Nicht nur das Recht auf ausreichende und gesunde Nahrung, Kleidung, Schulbildung oder ein Dach über dem Kopf, sondern auch Recht auf einen Privatbereich, auf Freizeit, Spiel und Erholung. Sie haben das Recht, nach der Scheidung zu beiden Elternteilen Kontakt zu halten, und dürfen nicht zu gefährlichen oder gesundheitsschädlichen Arbeiten gezwungen werden. (Gelegentliche Mithilfe im Haushalt ist aber erlaubt!)

Und wo ist Papa?

Früher waren Väter in erster Linie dafür zuständig, Geld für die Familie zu verdienen. Das tun sie auch heute noch. Außerdem können sie inzwischen kochen, einkaufen und die Spülmaschine einräumen. Während Mütter die Hausaufgaben überwachen, sorgen Väter dafür, dass Freizeit und Action nicht zu kurz kommen. Sie kennen sich mit Computern und Inlineskates aus, spielen Schach und erklären Abseits und Elfmeter. Doch leider fühlen sich viele Väter beruflich stark eingespannt, kommen erst abends spät nach Hause oder sind lange auf Reisen. Für ihre Töchter haben sie deshalb meist wenig Zeit.
Oft beschränkt sich Papas tägliche Zuwendung auf ein Küsschen vor dem Schlafengehen.
Ist das bei euch auch so?

Gut zu wissen!

Nur 3 % aller deutschen Väter mit Kindern unter 18 Jahren arbeiten in Teilzeit. Der größte Teil der Papas ist voll berufstätig und kommt erst abends nach Hause. Die meisten Väter würden aber gerne mehr Zeit mit ihrer Familie verbringen. Wie ein bekanntes wirtschafts- und sozialwissenschaftliches Institut durch eine Umfrage herausfand, wünschen sich drei von vier erwerbstätigen Männern mit Kindern kürzere Arbeitszeiten, um mit ihren Sprösslingen mehr unternehmen zu können!

Wie Mädchen über ihre Väter denken, ändert sich im Laufe des Lebens:
Wenn man 5 Jahre alt ist, scheint Papa alles zu wissen. Mit 12 schnallt man allmählich, dass Papa doch nicht so viel weiß. Mit 18 ist man überzeugt davon, dass Papa im Grunde überhaupt nichts blickt. Mit 25 erkennt man, dass Papas doch ganz schön schlau sind. Und wenn man 35 ist, denkt man: »Verflixt, warum ist Papa nur nicht da? Der wusste immer alles!«

Wie man müde Väter aktiviert

☑ Lass deinen Vater erst einmal entspannen und ausruhen, wenn er abends müde nach Hause kommt. Warte ein halbes Stündchen, bis er sich erholt hat und bereit ist, auf dich einzugehen.

☑ Erzähl ihm in einer ruhigen Minute von deinen Erlebnissen, Freuden und Sorgen. Lass ihn Anteil nehmen an deinem Alltag, auch wenn du deiner Mutter mittags alles schon einmal erzählt hast. Bitte ihn um Hilfe bei Hausaufgaben und um Rat bei Problemen. (Nicht nur Mütter, auch Väter haben oft gute Ideen für Lösungen!)

☑ Frage deinen Vater regelmäßig und hartnäckig, wann er Zeit hat, mit dir und der ganzen Familie etwas zu unternehmen. Trage deine Wünsche vor (z. B. eine Bergwanderung, ein Einkaufsbummel, ein Backtag, ein Besuch im Café, Kino oder Schwimmbad).

☑ Hol seinen Terminkalender und schreibe dich an dem Tag ein, an dem ihr gemeinsam etwas unternehmen wollt. Mindestens einmal pro Woche sollte sich ein Vater für seine Tochter schon richtig Zeit nehmen, auch wenn er voll berufstätig ist! (Alle Punkte gelten natürlich auch für voll berufstätige Mütter!)

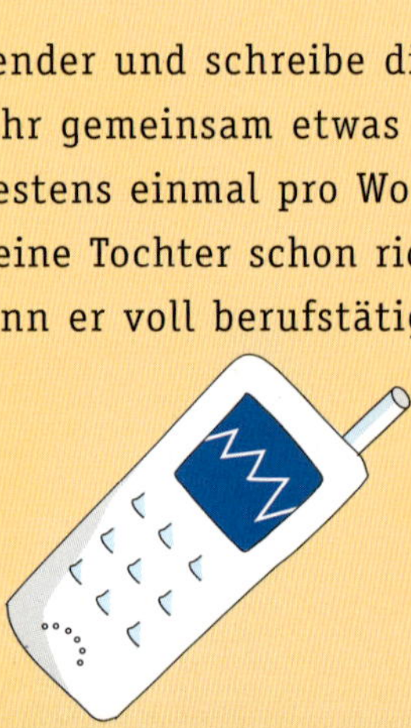

Wenn dein Vater ständig behauptet,
keine Zeit für dich zu haben,
lies ihm doch mal diese Zitate vor:

„Das ist ein weiser Vater,
der sein eigenes Kind kennt."

William Shakespeare,
englischer Dramatiker (1564–1616),
aus »Der Kaufmann von Venedig«

„Der eine wartet, dass die Zeit sich wandelt,
der andere packt sie kräftig an und handelt."

Dante Alighieri, italienischer Dichter (um 1265–1321)

„Denke immer daran, dass es nur eine
wichtige Zeit gibt: Heute. Hier. Jetzt."

Leo Tolstoi, russischer Schriftsteller (1828–1910)

„Wer die Pflichten eines Vaters nicht
erfüllen kann, hat kein Recht, es zu werden."

Jean-Jacques Rousseau,
französischer Schriftsteller und Philosoph (1712–1778)

Zum streiten viel zu schade

Hast du Geschwister? Die können Ärger machen, stimmts? Oft reicht schon ein nichtiger Anlass, um einen niedlichen Bruder in einen erbosten, schreiwütigen und gewaltbereiten Gorilla zu verwandeln. Und im Nu ist ein Streit im Gange. »Warum bin ich nur kein Einzelkind?«, schmollen wir und beklagen uns beim Schicksal. Aber haben es Einzelkinder wirklich besser? O.k., sie müssen in der Regel nicht in den abgetragenen Kleidern ihrer älteren Geschwister herumlaufen, und keiner verlangt von ihnen, von den Weihnachtsplätzchen etwas übrig zu lassen. Sie haben die ungeteilte Aufmerksamkeit der Eltern und keinen lästigen Rivalen in der Familie, der mit guten Noten glänzt und ihnen den Rang streitig macht. Die unbestreitbaren Vorteile des Einzelkinddaseins werden aber durch eine Reihe von Nachteilen aufgewogen. Während sich Einzelkinder oft einsam vor dem Fernseher langweilen und eingelullt von Mamas liebevoller Obhut bis zum Eintritt in den Kindergarten nichts von den wirklichen Härten des Daseins ahnen, haben Geschwisterkinder die

Möglichkeit, sich schon früh auf die Herausforderungen des Lebens vorzubereiten. Bereits als Kleinkinder können sie im Umgang mit ihren Geschwistern täglich trainieren, wie man sich wehrt, Beleidigungen gelassen überhört und sich nach einem Streit wieder bestens verträgt. Und manchmal können Brüder und Schwestern auch so richtig lieb sein, ja wirklich, ganz abgesehen davon, dass man immer einen Partner für Schach oder Mühle im Haus hat. Also, beschwer dich nicht und denk daran: Brüder und Schwestern sind viel zu schade zum Streiten!

> Zum Streiten gehören immer zwei;
> schweigt einer, ist der Zank vorbei.
>
> Spanisches Sprichwort

> Ein Streit zwischen wahren Freunden, wahren Liebenden bedeutet gar nichts. Gefährlich sind nur Streitigkeiten zwischen Menschen, die einander nicht ganz verstehen.
>
> Marie von Ebner-Eschenbach,
> deutsche Schriftstellerin (1830–1916)

Wie du dich in eine prima große Schwester verwandelst

1. Versuche nachsichtig zu sein, wenn deine jüngeren Geschwister nerven. (Zwerge blicken einfach noch nicht so richtig durch.)
2. Hilf deinen Geschwistern (z.B. bei Hausaufgaben), wenn sie dich darum bitten, spiel mit ihnen und halte sie von Gefahren fern. Sei aber niemals gönnerhaft belehrend und erteile ihnen nicht von oben herab Befehle. Du bist selbst ein Kind und solltest nicht versuchen, die Mutterrolle zu übernehmen. Für Erziehungsfragen sind deine Eltern zuständig, nicht du.
3. Nutze deine Überlegenheit gegenüber kleinen Brüdern und Schwestern nicht aus. Mache dich nicht lustig über sie.
4. Beschwere dich, wenn du deine jüngeren Geschwister zu oft beaufsichtigen sollst und du dich überlastet fühlst. Du bist kein Kindermädchen und hast ein Recht auf Freizeit!
5. Zeige deinen Geschwistern immer mal wieder, dass du sie gern hast. Kleine freundliche Gesten können Wunder wirken!

Wie du dich in eine prima kleine Schwester verwandelst

1. Akzeptiere es, wenn deine Eltern dir nicht alles erlauben, was für deine älteren Geschwister selbstverständlich ist. Auch du darfst irgendwann einmal spätabends in die Disco. Alles zu seiner Zeit!
2. Nimm Rat und Hilfe von deinen älteren Geschwistern an. Du musst dich deshalb nicht unterlegen fühlen. Auch du wirst einmal so schlau und erfahren sein wie sie.
3. Nimm Rücksicht auf deine älteren Geschwister, vor allem, wenn sie sich auf Schulaufgaben oder Prüfungen vorbereiten müssen, und nerve sie nicht.
4. Dränge dich nicht in den Freundeskreis deiner Geschwister, wenn diese allein etwas unternehmen wollen. Suche dir eigene Freunde.
5. Verpetze deine Geschwister nicht.
Ausnahme: Wenn deine Geschwister etwas tun oder vorhaben, was ihnen selbst oder anderen schadet.
6. Zeige deinen Geschwistern immer mal wieder, dass du sie gern hast. Kleine freundliche Gesten können Wunder wirken!

Schule ohne Stress

Gehst du gern in die Schule? Toll! Bist du eine Streberin? Cool! (Natürlich strebst du nach Weisheit und Wissen und nicht nach guten Noten, das ist klar.) Du hast einfach geschnallt, dass es Zeitverschwendung ist, fünf oder mehr Stunden täglich mit einem Lehrer und 30 Gleichaltrigen an einem langweiligen Ort zu verbringen, ohne daraus Nutzen zu ziehen. Zum Schlafen, Kichern, Schnattern, Spielen gibt es schließlich gemütlichere Plätze als die Schulbank, oder? Im Unterricht passt du auf, meldest dich häufig, lernst mit und machst ordentlich deine Hausaufgaben. Schulkameraden, die nicht so gut aufpassen, erklärst du die Aufgaben und lässt alle abschreiben, die es wollen. Das macht dich zu einer sehr beliebten Schülerin. Du kommst also bestens klar, hast viele Freunde, die Lehrer meckern nicht und die Eltern sind zufrieden.
Wie bitte? Du bist zwar beliebt, aber doch keine Streberin? Dann solltest du aber schleunigst eine werden. Lerne Lernen, und du wirst sehen, dass Wissen Spaß macht!

Gut zu wissen!

1717 wurde die allgemeine Schulpflicht in Preußen, 1871 in ganz Deutschland eingeführt. Seitdem hat jedes Kind im Alter von sechs Jahren gesetzlich die Pflicht (und das Recht), eine öffentliche Schule zu besuchen. Bis dahin war Bildung nur reichen Leuten vorbehalten, die sich Privatlehrer leisten konnten oder in Kloster- oder Fürstenschulen unterrichtet wurden. Heute hat jedes Kind die Möglichkeit, sich Wissen anzueignen und später zu studieren. Es lohnt sich, das Angebot auf Bildung auch zu nutzen! Wer es als Kind versäumt hat, in der Schule zu lernen, muss als Erwachsener viel Zeit und Geld aufwenden, wenn er das Versäumte nachholen will.

Was sagt man dazu?!

Schule ist Zeit, Zeit ist Geld, Geld ist Luxus – und auf Luxus kann ich verzichten.

Lehrer am Morgen bringt Unglück und Sorgen.

Wer nichts lernt, kann nichts vergessen.

Wie man herzlose Lehrer entzückt und ohne viel Aufwand immer schlauer wird

✎ Spitze deine Ohren im Unterricht. Je aufmerksamer du zuhörst, desto weniger musst du zu Hause lernen.

✎ Beteilige dich am Unterrichtsgespräch. Melde dich, wenn du etwas weißt, und stelle Fragen, wenn du etwas nicht verstanden hast. Lehrer sind zum Erklären da!

✎ Rege die Klasse und deine Lehrer zu Projekten und Experimenten an. Denn alles, was Spaß macht, prägt sich besser ein.

✎ Achte auf eine ordentliche Schrift und übersichtliche Heftführung. (Wenn du das, was du geschrieben hast, nicht mehr entziffern kannst, nützt es dir auch nichts.)

✎ Mach deine Hausaufgaben selbst. Wenn du sie nur von einem Klassenkameraden abschreibst, fehlt dir die Übung und du hast dich selbst ausgetrickst.

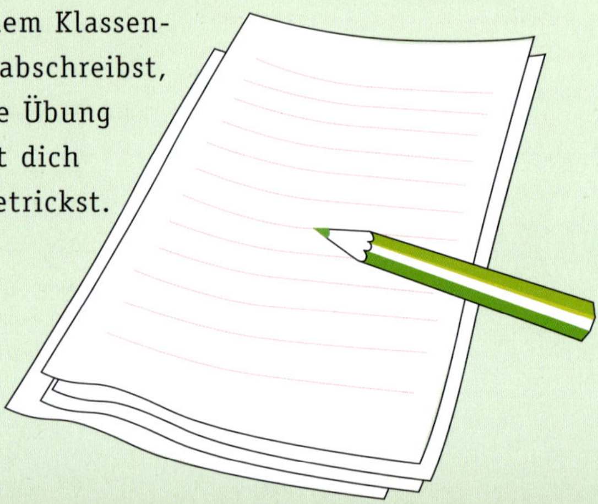

Wenn du in der Schule nicht mehr mitkommst ...

- Schwirren dir andere Gedanken im Kopf herum? Kannst du dich nicht konzentrieren? Dann versuche deinen Kopf frei zu bekommen, bevor du anfängst zu lernen. Schreibe Gedanken und Probleme, die dich belasten, ganz kurz auf, und nimm dir vor, sie zu einem geeigneten Zeitpunkt nach und nach anzugehen.
- Plane ausreichend Zeit für die Hausaufgaben ein. Erledige sie regelmäßig. Versuche diszipliniert zu arbeiten, gib nicht jeder Ablenkung nach.
- Mach regelmäßig Pausen. Belohne dich, wenn du gut gelernt hast. (Gönn dir z. B. deine Lieblingssendung.)
- Wenn du in einem Fach große Lücken hast, mach dir einen Plan, wie du den Stoff Stück für Stück wieder aufholen kannst. (Lerne z. B. in den Ferien jeden Tag eine Stunde.)
- Bitte Eltern und Geschwister um Hilfe, wenn du überfordert bist. Auch Lehrer können Tipps geben, wie du vorgehen musst, um deine Leistungen zu verbessern.
- Nachhilfestunden sind hilfreich, wenn du dich dabei ernsthaft bemühst und den Willen hast, dich zu verbessern!

Die besten Lerntipps

- Entspanne dich, bevor du mit dem Lernen beginnst. Wenn du dauernd anderes im Kopf hast, geht nichts in dein Gehirn.

Überfordere dich nicht. Du musst nicht von heute auf morgen Klassenbeste werden. Setze dir zunächst kleine Ziele und gehe sie Schritt für Schritt an.

- Gliedere den Lernstoff übersichtlich. Hebe das Wichtigste in deinem Buch- oder Hefttext durch Unterstreichen hervor oder schreibe den Inhalt in Stichpunkten auf einen »Merkzettel«.
- Damit sich der Stoff richtig einprägen kann, solltest du ihn mehrmals lernen und wiederholen. Und zwar nicht nur an einem Tag, sondern mehrere Tage hintereinander.
- Lerne nicht ununterbrochen, sondern lege Pausen ein. Teile die Aufgaben so ein, dass jeder Tag ungefähr mit dem gleichen Lernaufwand belastet ist.
- Versuche an einem Lernnachmittag nicht nur für ein einziges Fach zu lernen, sonst streikt dein Gedächtnis irgendwann. Lerne für die Fächer, in denen du Schwächen hast, intensiver und länger als für die anderen.

• Wenn du keine gute Note geschrieben hast, lass dich nicht entmutigen, sondern überlege dir, wie du es das nächste Mal besser machen kannst.

• Glaube an deinen Erfolg! Aber denke immer daran: Eine Schulaufgabe oder Prüfung misst Wissen, aber nicht den Wert eines Schülers. Du bist so, wie du bist, einmalig und unendlich wertvoll, ob mit oder ohne gute Noten!

Was zu tun ist, wenn du nicht versetzt worden bist

• Keine Panik. Es gibt Schlimmeres, als in der Schule durchzufallen. Sogar weltberühmte Naturwissenschaftler und Erfinder wie Albert Einstein oder Thomas Edison hatten Probleme in der Schule, die sie erfolgreich überwinden konnten.

• Denke nicht weiter über das schlechte Zeugnis nach, wenn du nichts mehr daran ändern kannst. Lass das Vergangene ruhen und konzentriere dich auf die Gegenwart.

• Schreibe auf, was du im nächsten Schuljahr anders machen wirst. Nimm dir vor, aus deiner schulischen Krise gestärkt hervorzugehen.

➥ Du wirst es schaffen!

Clique & Co.

Im Tierreich gibt es Einzelgänger und Herdentiere. Auch der Mensch ist ein soziales Wesen, das sich am wohlsten fühlt, wenn es Teil einer großen oder kleinen Herde ist. Mit der Familienherde verbringst du als Kleinkind die meiste Zeit. Als Schulkind löst du dich nach und nach vom Elternhaus und interessierst dich verstärkt für Gleichaltrige (»peers«). Du gliederst dich in deine zweite Herde ein, die »Peergroup« (Gruppe Gleichaltriger), die nun genauso wichtig für dich ist wie die Familie. Doch manchmal kann es passieren, dass du den Anschluss an deine Herde verlierst. Ein Umzug in eine andere Stadt, Missverständnisse mit der Clique – und plötzlich ist alles anders. Du gehörst nicht mehr dazu und stehst allein da. Das ist kein schönes Gefühl! Während die anderen in der Klasse kichern, Spaß haben und gemeinsam etwas unternehmen, trottest du allein nach Hause und hockst am Nachmittag frustriert vor dem Fernseher. Dieser Zustand muss sich ändern! Denn Einsamkeit macht auf Dauer krank und unglücklich. Einzelgänger brauchen wieder Anschluss an eine kleine oder große Herde!

Gut zu wissen!

Eine Clique ist eine Gruppe von fünf bis zehn Gleichaltrigen, die sich regelmäßig treffen. Sie haben viele Gemeinsamkeiten und verbringen viel Zeit miteinander. Oft haben sie ähnliche Hobbys, Ansichten, Sehnsüchte, Träume. Nicht selten tragen sie ähnliche Klamotten und Frisuren und fallen durch bestimmte Sprachgewohnheiten und Rituale auf. In manchen Cliquen gibt ein »Leittier« (Boss, Chefin) den Ton an. Am schönsten sind jedoch Cliquen, in denen jeder etwas zu sagen und jede Stimme gleich viel Gewicht hat.
Gut funktionierende Cliquen lassen keine Langeweile aufkommen, lenken von Problemen mit Eltern und Lehrern ab, bieten Trost und Hilfe, wenns nötig ist, und geben so ein Gefühl von Geborgenheit.
Heute gehören knapp 70 % aller deutschen Jugendlichen einer Clique an. Du auch?

“Willst du das Leben leicht haben,
so bleibe immer bei der Herde.”

Friedrich Nietzsche,
deutscher Philosoph (1844–1900)

“Es hilft freilich der Herde nicht,
wenn schon der Schäfer ein Schaf ist.”

Johann Wolfgang von Goethe, deutscher Dichter (1749–1832)

Was du tun kannst, um Anschluss an eine Gruppe zu finden

- Nähere dich der »Herde«, wenn du in super Stimmung bist, denn gute Laune löst Hemmungen und Kontaktängste.
- Nimm Blickkontakt auf und signalisiere Selbstbewusstsein, aber ziehe keine Show ab und verstelle dich nicht!
- Beteilige dich ganz selbstverständlich am Gespräch, stelle Fragen und rede über die Themen, die euch alle gerade beschäftigen (z. B. eine bestimmte Fernsehsendung, die neue Lehrerin, eine neue Band). Suche nach Gemeinsamkeiten, aber dränge dich nicht auf.
- Sei freundlich und humorvoll. Lachen verbindet!
- Freu dich, wenn du schon bald dazugehörst. Sei aber auch nicht frustriert, wenn man dich nicht sofort wie ein Cliquenmitglied behandelt. Das kommt noch! Und wenn nicht, halte Ausschau nach einer anderen »Herde«!

Du solltest dich aus deiner Clique lösen, wenn ...

- ... die Clique über dein ganzes Leben bestimmt und dir bis ins Einzelne vorschreibt, was du zu tun und zu lassen, was du zu sagen und zu denken hast.
- ... die Gruppenmitglieder gewaltbereit sind, über andere Gleichaltrige herziehen, sie herabsetzen, ausgrenzen, schikanieren.
- ... gefährliche Mutproben oder schwachsinnige Einweihungszeremonien üblich sind.
- ... die Clique Drogen (Zigaretten, Alkohol, Haschisch etc.) konsumiert und verharmlost.
- ... Falschheit, Konkurrenzdenken und Misstrauen überhand nehmen und du dich auf die Gruppenmitglieder nicht mehr verlassen kannst.
- ... die Gruppenmitglieder sich in der Öffentlichkeit ständig auffallend schlecht und rücksichtslos benehmen.

> Besser allein als in schlechter Gesellschaft.
>
> George Washington,
> amerikanischer Präsident (1732–1799)

Immer diese Jungs!

Mit Mädchen kann man prima quasseln, kichern, kreischen, weinen. Wenn wir Feste und Flohmärkte organisieren oder gemeinsam Mathe lernen, klappt alles bestens. Jungs sind anders. Will man gemütlich spielen oder ernsthaft arbeiten, stören sie, denken sich doofe Streiche aus und lachen über die albernsten Witze. Ständig wollen sie Action, Tempo, Bewegung ... Das kann echt lästig sein. Aber wie kommt es dann, dass so viele Dinge wie Geburtstagspartys, Fußballspiele oder Ausflüge viel mehr Spaß machen, wenn sie dabei sind? Liegt es vielleicht daran, dass man dann immer so schön über sie lästern kann? Nein, es ist so: Manche Jungs sind eben einfach voll süß und echt in Ordnung!

Die schönsten Läster-Sprüche

Jungs sind wie Sahne –
wenn man sie stehen lässt, werden sie sauer!

Warum sind Blondinenwitze immer so kurz???
Damit auch Jungs sie verstehen!

Was haben Wolken und Jungs gemeinsam???
Wenn sie sich verziehen, kann es noch ein schöner Tag werden!

Gut zu wissen!

Jungs und Mädchen unterscheiden sich nicht nur körperlich, sondern haben auch unterschiedliche Fähigkeiten und Talente. In Intelligenztests hat sich gezeigt, dass Mädchen in Sprachen die Nase vorn haben und besser als Jungs in der Lage sind, die Gefühle und Körpersprache eines Menschen zu erfassen. Das logische Denken funktioniert bei beiden Geschlechtern gleich gut, ebenso die räumliche Orientierung. Mädchen orientieren sich aber stärker an Objekten (z. B. Gebäuden), Jungs an Himmelsrichtungen und Entfernungen. Verdrehte Figuren zu erfassen, diese gedanklich im Kopf zu drehen und abstrakt (allgemein, losgelöst von einem bestimmten Fall) zu denken, fällt Jungs leichter. Insgesamt betrachtet gleichen sich die Stärken und Schwächen der Geschlechter aber aus. Die Unterschiede zwischen Jungs und Mädchen in Leistung und Verhalten sind zum Teil auf Umwelt und Erziehung, aber auch auf biologische Einflüsse (Gehirnaktivität, Geschlechtshormone im Blut) zurückzuführen.

Wie man sich bei den Jungs beliebt macht ...

- Sei freundlich, fair, humorvoll und witzig. Verzichte auf fiese und gemeine Späße oder Streiche.
- Lerne, auch mal über dich selbst zu lachen, denn überempfindliche Mimosen, die wegen jeder Kleinigkeit zicken oder heulen, sind nicht besonders beliebt.
- Treibe Sport und beteilige dich auch an typischen »Jungenspielen« (z.B. Fußball), das macht Eindruck!
- Lade den Jungen, den du besonders gerne magst, mit seiner ganzen Clique zu deiner Geburtstagsparty ein.
- Lächle ihn an, wenn du ihm begegnest, flirte mit ihm und lenke das Gespräch auf Themen, die euch beide interessieren.
- Mach ihm ab und zu ein Kompliment, schicke ihm eine SMS oder ein Zettelchen mit einem lieben Gruß zu (z.B. ein Smiley, ein Herzchen), aber dränge dich niemals auf!
- Mach dich rar, lass ihn zappeln – gerade, wenn du sehr verknallt bist. (Jungs brauchen nämlich zum Verlieben oft ein bisschen länger ...)

… und was bei Liebeskummer angesagt ist

☆ Lass die Tränen ruhig fließen, aber versinke nicht in Selbstmitleid. Schreibe dir deinen Kummer in einem Tagebuch von der Seele oder sprich dich bei einer Freundin aus.

☆ Schnäuze dich gründlich, wisch dir die Tränen aus dem Gesicht und befreie dich von dem Gedanken, dass nur dieser eine Junge für dein Glück verantwortlich ist. (Das ist er nämlich nicht, siehe S. 88–91.)

☆ Gib Selbstzweifeln keine Chance. Du bist und bleibst liebenswert, auch wenn dein Schwarm deine Zuneigung nicht erwidert oder sich für eine andere entschieden hat.

☆ Lenk dich ab, sei aktiv und gönne dir selbst etwas Schönes.

☆ Verkriech dich nicht, sondern suche neue Kontakte. Du wirst noch viele Jungs kennen lernen, mit denen du Spaß haben kannst.

Verzieh dich!

Gibts in deiner Klasse Haie? Fiese Kinder, die ihren Frust an anderen auslassen? Oft sind sie im Grunde ihres Herzens unglücklich und haben Probleme, die sie damit überspielen. Um sich stark zu fühlen, suchen sie sich ein schwächeres Opfer. Natürlich kannst du Fieslingen aus dem Weg gehen. Das hilft aber nicht immer. Wenn du dich vor jeder Auseinandersetzung drückst, gerätst du immer wieder in die Opferrolle. Besser ist es, klar zu machen, dass du ein Mädchen bist, das sich nicht alles gefallen lässt.
Übrigens: Sich wehren kann man lernen!

Aktiv und selbstbewusst statt unsicher und passiv!

Früher erwartete man von Mädchen, still, brav und passiv zu sein. Heute sind Mädchen frech, munter, aktiv und selbstbewusst. Wenn sie schlecht behandelt werden, wehren sie sich. Sie sagen ihre Meinung und tragen ihre Wünsche deutlich vor. Auch schüchterne Mädchen können üben, selbstsicherer aufzutreten. Worte allein wirken nicht, wenn sie nicht zu Körperhaltung und Stimme passen!

Wie du Selbstbewusstsein ausstrahlst

1. Suche dir in der Gruppe Platz und lass dich nicht ständig in eine Ecke drängen.

2. Stelle dich wie die anderen entspannt, gerade und breitbeinig hin. Tritt nicht nervös von einem Fuß auf den anderen.

3. Geh aufrecht mit erhobenem Kopf und lass die Schultern nicht hängen, sondern strecke die Brust heraus und atme dich frei. Du fühlst dich gleich leichter!

4. Suche Augenkontakt, wenn du mit den anderen sprichst. Halte ihrem Blick stand und weiche ihm nicht aus.

5. Nimm beim Sprechen die Hände aus den Hosentaschen und lass sie locker hängen. Verschränke nicht die Arme, das signalisiert nämlich Angst und Abwehr.

6. Sprich mit lauter Stimme, sodass man dich auch deutlich versteht. Mäusepiepsstimmchen wirken immer schwach und unsicher!

7. Halte dir innerlich vor Augen, dass du ein starkes, tolles Mädchen bist. Keiner darf dir mit Worten oder Fäusten wehtun!

Wie du dir Respekt verschaffst

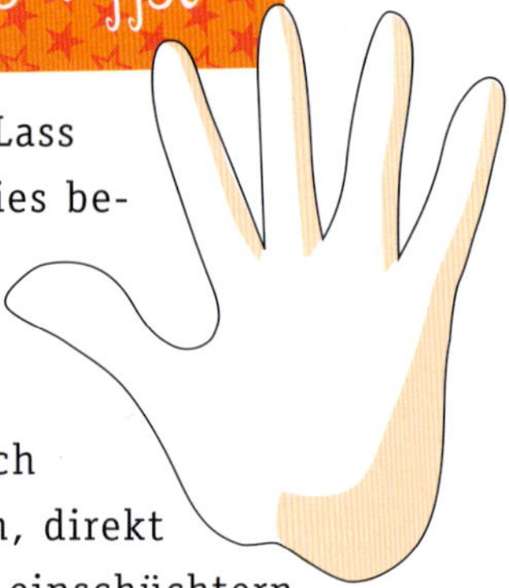

1. Verweigere die Opferrolle. Lass nicht zu, dass dich jemand mies behandelt. Zeige allen Rowdys, dass du ein Mädchen bist, das sich nichts gefallen lässt.

2. Schau den Kindern, die dich ärgern, hänseln, drangsalieren, direkt in die Augen. Lass dich nicht einschüchtern.

3. Gib klare Anweisungen (z. B. »Hör auf mit dem Quatsch!«, »Gib sofort mein Mäppchen wieder her!«). Rede dabei laut und deutlich, aber bleibe fair.

4. Verletzungen und Demütigungen darfst du nicht hinnehmen. Schikanen und gewalttätige Angriffe muss man verpetzen! Beziehe Zeugen (z. B. Lehrer, Mitschüler, Passanten) ein, mach das Verhalten der Rowdys öffentlich, das schreckt ab.

5. Halte dich von gewaltbereiten Kindern grundsätzlich fern und provoziere sie nicht unnötig.

6. Sei kein passiver Zuschauer, dulde keine seelischen Grausamkeiten oder körperlichen Angriffe! Melde entsprechende Vorfälle sofort dem Lehrer. Stehe drangsalierten Kindern bei. Angreifer müssen lernen, dass es falsch ist, was sie tun!

Wie du dich bei Gewaltangriffen verteidigst

1. Nähert sich dir ein möglicher Angreifer, von dem du dich bedroht fühlst und dem du nicht mehr aus dem Weg gehen kannst, warte nicht wie ein passives Opfer ab, ob nun etwas mit dir geschieht, sondern werde sofort aktiv. Rufe laut: »Hau ab!«, »Gehen Sie weg!« oder schrei »Hilfe!« und veranstalte ein Riesenspektakel, bis andere Leute auf euch aufmerksam werden. Das wird den Angreifer abschrecken. (Es macht nichts, wenn er dir eigentlich gar nichts tun wollte. Wenn er wirklich nett ist, wird er dein Geschrei verstehen und sich sogar dafür entschuldigen, dass er dich in Angst versetzt hat.)
2. Wirst du angegriffen, kämpfe wie eine Wölfin und wehre dich durch Tritte, Schläge, Kratzen, Beißen – im Notfall zur Selbstverteidigung ist alles erlaubt! Versuche deine Angst in Wut umzuwandeln, das macht dich stärker.
3. Wenn du dich frei gekämpft hast, laufe weg, so schnell du kannst. Renne dorthin, wo Menschen sind, und suche Hilfe.

Wahre Freundschaft

Wenn du unglücklich bist, kuschelt es sich am besten mit Mama, Papa oder eurem Haustier. Wenn du Spaß haben willst, ist die Clique angesagt. Aber wer baut dich auf, wenn du eine Vier geschrieben hast? Wer verteidigt dich, wenn sich alle gegen dich verschworen haben? Wer weiß, in wen du verliebt bist? Wer leiht dir sein T-Shirt und bringt dich zum Lachen? Wer fragt nicht viel, sondern schenkt dir ein Gummibärchen, wenn du frustriert bist? Mit wem kann man über alles reden, auch über Dinge, die Mutter nicht versteht? Du weißt, von wem die Rede ist, oder? Natürlich von der besten Freundin! Wenn du keine hast, solltest du dir eine zulegen! Freundinnen kann man nicht nur in der Schule finden, sondern auch im Sportverein, in der Bücherei oder im Jugendzentrum. Wer gemeinsame Interessen hat, findet rasch Gesprächsstoff. Trau dich! Geh auf andere zu und sprich sie an. Was kann dir passieren? Schlimmstenfalls hat jemand kein Interesse an dir. Na und? Das kommt vor und mindert den Wert deiner Person nicht im Geringsten. Irgendwann hast du Erfolg!

Wie du eine prima Freundin wirst

- Sei aktiv! Warte nicht immer nur ab, was die anderen vorschlagen, sondern lass dir auch selbst etwas einfallen.
- Sei ein guter Zuhörer, interessiere dich für die Freuden, Sorgen und Nöte deiner Freundin.
- Halte Verabredungen und Absprachen ein und plaudere keine Geheimnisse aus. (Ausnahme: Das Geheimnis bringt sie, dich und andere in Gefahr.)
- Steh deiner Freundin bei, auch wenn sich plötzlich alle gegen sie stellen.
- Sei ehrlich. Weise deine Freundin vorsichtig und einfühlsam auf Fehler und Schwächen hin. Zeige ihr gleichzeitig, dass du sie magst.
- Rede offen mit ihr, wenn es Spannungen gibt. Tratsche nicht hinter ihrem Rücken.
- Sei nicht besitzergreifend und klammere nicht. Warum soll sie außer dir nicht noch andere Freundinnen haben?

> “Freundschaft ist die Verbindung der Seelen.”
>
> Voltaire,
> französischer Philosoph und Schriftsteller (1694–1778)

Was zu tun ist, wenn die Freundin zickt

- Bitte deine Freundin um ein Gespräch unter vier Augen, wenn sie dich verletzt hat. Lade sie z. B. zu einem Eis ein. (Beim Eisschlecken versöhnt es sich leichter.)
- Mach ihr keine Vorwürfe, sondern erzähle ihr, wie du dich fühlst. Rede dabei in der Ich-Form: »Ich bin stinksauer, weil ...«; »Ich bin verletzt, weil ...«
- Achte darauf, dass sie dich ausreden lässt und dir zuhört.
- Gib dann ihr die Gelegenheit zu erzählen, warum sie sich so verhalten hat, und versuche dich in ihre Lage hineinzuversetzen.
- Verzeih ihr, wenn sie einen Fehler gemacht hat und sich dafür entschuldigt.
- Bleibt sie patzig oder wird sogar aggressiv, zieh dich zurück. Überlege dir, ob du wirklich noch immer ihre Freundin sein willst. Vielleicht braucht eure Freundschaft erst mal eine kleine Pause!

Kaum zu glauben! Diese Zicken!

Zicken sind launische Wesen, die einem ganz schön auf den Wecker gehen können. Mal sind sie superfreundlich und süß, dann hinterhältig und gemein. Sie denken nur an ihren Vorteil und drehen ihre Meinung nach dem Wind. Wahre Freundschaft ist ihnen piepegal, denn was kann schon wichtiger sein als sie selbst? Freunde sind für sie folgsame Hündchen, die gehätschelt werden, wenn sie nützlich sind. Wenn sie Ärger machen oder nicht mehr parieren, werden sie einfach in die Wüste geschickt. Zicken wechseln ihre Freunde wie ihr tägliches T-Shirt und im Tratschen sind sie Weltmeister. Man würde die Nervtöter glatt links liegen lassen, wenn sie nicht gleichzeitig so unterhaltsam und witzig wären. Doch irgendwie sind sie einfach viel spannender als die übrigen Luschen in der Klasse. Langeweile kommt jedenfalls nicht auf, wenn die Zicke dabei ist. Und so erträgt man ihre Launen und fällt immer wieder auf sie herein!

Seufz!

„Man kommt in der Freundschaft nicht weit, wenn man nicht bereit ist, kleine Fehler zu verzeihen."

Jean de La Bruyère,
französischer Philosoph und Schriftsteller (1645–1696)

Selbstzweifel

»Was willst du denn schon wieder, Moppelchen?« »Mann, die sieht vielleicht bescheuert aus!« Ein paar unfreundliche Bemerkungen können sitzen wie ein Messerstich, vor allem, wenn sie deinen schwachen Punkt treffen. Und wenn du dein Selbstbewusstsein abhängig vom Urteil anderer machst, wackelt es wie eine Marionette. Schon bei der kleinsten Kritik meldet sich eine hässliche kleine Stimme aus deinem Innern und macht dich fertig. Sie hackt auf dir herum, und plötzlich kannst du dich überhaupt nicht mehr leiden. Du findest dich dumm, hässlich, langweilig, nicht liebenswert. So ein Quatsch! Schenke dem lästigen Miesmacher kein Gehör, sondern jage ihn umgehend auf den Mars. Du bist in Ordnung!

Aber du könntest endlich mal lernen, zu dir selbst zu stehen und dich zu akzeptieren, so wie du bist!

> Wer sich an andere hält,
> dem wankt die Welt.
> Wer auf sich selber ruht,
> steht gut.
>
> Deutsches Sprichwort

Eigenliebe lernen

Keiner mag selbstgefällige, arrogante Leute, Egoisten, die rücksichtslos ihre Interessen vertreten und nur an sich selbst denken. Eigenliebe ist etwas ganz anderes:

❤ Du akzeptierst dich mit allen Stärken und Schwächen. Keiner ist perfekt!

❤ Du hast Freude am Leben, bist nett zu dir selbst.

❤ Du schaffst dir eine gemütliche Umgebung, stürzt dein Zimmer nicht ins Chaos.

❤ Du ernährst dich gesund und misshandelst deinen Körper nicht mit zu viel Süßigkeiten, ungesunder Nahrung oder Drogen.

❤ Du suchst dir liebe Freunde und meidest Menschen, die dich schlecht behandeln.

❤ Du sorgst dafür, dass du dir (z. B. in der Schule) durch Nachlässigkeit keine Probleme schaffst.

❤ Wenn du einen Fehler gemacht hast, stehst du dazu und versuchst ihn wieder gutzumachen.

❤ Du sorgst dafür, dass du etwas erlebst. Du versauerst nicht vorm Fernseher oder Computer.

❤ Du glaubst an dich und weißt, dass du liebenswert bist, auch wenn andere dich mal kritisieren.

Na, liebst du dich selbst? Wirklich? Toll!

Wie du der Eigenliebe auf die Sprünge hilfst ...

- Schreibe auf ein Blatt Papier, was dir an dir selbst nicht gefällt (z.B. ich bin langweilig, ich habe Pickel, ich habe eine doofe Frisur ...).
- Viele dieser Punkte kannst du ändern. Überlege dir für jeden davon, wie du das Problem in den Griff bekommen könntest.
- Streiche Probleme, die du lösen oder abmildern kannst (ich werde mehr lesen und unternehmen, ich kann meine Haut besser pflegen, ich kann mir eine neue Frisur zulegen), von der Liste.
- Nimm dir ein zweites Blatt Papier und schreibe eine Liste deiner Vorzüge auf (z.B. ich habe schöne Augen, ich kann gut zuhören, ich bin gut in Mathe).
- Leg nun beide Listen nebeneinander und betrachte deine Vorzüge und die verbliebenen Schwächen. Merkst du, dass du ganz schön viele positive Seiten hast?
- Trete nun vor den Spiegel, lächle dein Spiegelbild an und sage: »Ich bin in Ordnung.« Und gib dir selbst ein Küsschen. Bravo!

... und wie du lernst, mit Kritik umzugehen

- Wenn dich jemand kritisiert hat, ziehe dich in ein gemütliches Plätzchen zurück und denke über die Kritikpunkte nach. Kritik kann weiterbringen, man kann daraus lernen!
- Sei ehrlich zu dir selbst. Hast du Fehler gemacht? Vielleicht ohne es zu merken? Will dir die Person, die dich kritisiert hat, helfen? Oder wollte sie nur verletzen?
- Sprich mit der Person, die dich kritisiert hat, und erkläre ihr ruhig und sachlich deinen Standpunkt. Gestehe mögliche Fehler ein und bemühe dich, sie wieder gutzumachen. (Entschuldige dich beispielsweise.)
- Wenn es dir nicht gelingt, deinen Kritiker zu überzeugen, lass die unterschiedlichen Meinungen einfach stehen. Nicht immer hat nur einer Recht! Akzeptiere den Standpunkt des anderen, sofern er niemandem schadet, und vertrage dich wieder!
- Nimm böswillige Verletzungen niemals ernst. Vergiss nicht: Du bist in Ordnung!

Keine Macht den Drogen!

Megapeinlich! Du hast dich vor der Klasse total blamiert und würdest dich am liebsten in ein Erdloch einbuddeln. Dein Schwarm hat sich in eine andere verliebt und deine Mutter hält dir Standpauken. Wie gut, dass es kleine Tröster gibt, welche die negativen Gefühle aus deinem Kopf pusten: ob ein Schokoriegel, ein toller Film oder ein neues T-Shirt! Wer aber pausenlos Süßigkeiten verdrückt, wer sich leer und unglücklich fühlt, wenn er nicht ständig Klamotten oder neues Spielzeug bekommt, ist vielleicht schon süchtig nach den kleinen Tröstern. Süchtlinge können aber keinen Frust aushalten und fürchten Krisen wie die Pest. Probleme gehen sie nicht an, sondern verdrängen sie. Traurigkeit und Unsicherheit wollen sie nicht spüren, sondern flüchten davor. Und so greifen sie zur Droge, ziehen sich Zigaretten, Alkohol, Ecstasy und andere Gifte rein, die körperlich und seelisch abhängig machen.

Oft ist es nur mit Klinikaufenthalt und Therapien möglich, von der Droge wieder loszukommen. Deshalb: Drogen, nein danke! Frust lässt sich mit anderen Mitteln aus dem Kopf vertreiben. Wenn man nämlich die körpereigenen Gute-Laune-Macher aktiviert, versetzen sie uns ganz ohne Gifte in einen Glückszustand, stärken das Abwehrsystem und machen uns fit!

Gut zu wissen!

Drogen sind chemische Substanzen, die aufs Nervensystem wirken. Sie können Schmerzen betäuben und Gefühlszustände verändern. Drogen machen abhängig und schädigen das Gehirn. Der Verkauf der gefährlichsten Drogen (z. B. Heroin, Kokain, Amphetamine, LSD, Ecstasy) ist deshalb verboten. Alkohol und Zigaretten, die bei Missbrauch ebenfalls krank und abhängig machen, können Erwachsene dagegen überall kaufen. Obwohl der Verkauf an Kinder nicht gestattet ist, gibt es Minderjährige, die rauchen oder Alkohol trinken. Die verheerenden Folgen davon zeigen sich meist erst im Erwachsenenalter. Sag deshalb »Nein, danke!«, wenn jemand dir Zigaretten oder Alkohol aufdrängt. Meide den Kontakt, wenn jemand dich lächerlich macht, wenn du dich weigerst, zu rauchen, Alkohol zu trinken oder andere Drogen auszuprobieren!

Wie man sich aus dem Sumpf des Frusts herauszieht ...

☺ Greife nicht bei jedem Wehwehchen zu kleinen Tröstern oder gar Drogen. Frust und Enttäuschungen gehören zum Leben genauso dazu wie Freude, Glück und vergnügliche Momente.

☺ Mach dich nicht selber fertig. Lass nicht zu, dass sich negative Gefühle in deinem Hirn festsetzen, aber stelle dich aktiv den Problemen, für die du selbst verantwortlich bist. Schiebe wichtige Aufgaben nicht auf!

☺ Schreibe deine Probleme auf und suche Lösungen, die du nach und nach planmäßig angehst. Wenn du das Bedürfnis hast, mit jemandem darüber zu sprechen, tu das.

☺ Hake negative Erlebnisse rasch ab. Verzeihe dir selbst und anderen und lass das Grübeln. Beschäftige dich nicht lange mit Problemen, für die du nicht verantwortlich bist und die du nicht lösen kannst.

☺ Bau dich selbst wieder auf! Gegen Niedergeschlagenheit hilft am besten Aktivität! Setz dir kleine Ziele (z. B. Zimmer aufräumen) und setz sie nach und nach um. Das verschafft dir Erfolgserlebnisse. Egal, was passiert ist, du bist ein ganz tolles Mädchen. Also, sei nett zu dir!

… und die körpereigenen Glücksmacher aktiviert

- ☺ Bewege dich, jogge, fahre Rad. Bei Ausdauersport bildet der Körper Endorphine (Glücksstoffe).
- ☺ Igle dich nicht ein, suche Kontakt zu deinen Lieben, denn das aktiviert positive Gefühle.
- ☺ Erledige kleine Pflichten, ohne dich zu überfordern. Das schafft Erfolgserlebnisse!
- ☺ Gönn dir Freizeit, aber häng nicht nur rum. Beschäftige dich mit Anregendem und Schönem!

Gut zu wissen!

Wir brauchen keine künstlichen Drogen – denn unser Körper stellt selbst Glücksstoffe her! Endorphine und Enkephaline hemmen Schmerzempfindungen und wecken Lebensfreude. Sie setzen da im Gehirn an, wo es um Rauschzustand, Schmerzsenkung und Glücksgefühl geht. Künstliche Rauschgifte haben zufällig dieselbe chemische Struktur, auf Dauer schädigen sie jedoch das Gehirn und machen abhängig. Echte Glücksgefühle verspürt der Süchtige bald nicht mehr. Bei Dauergebrauch lässt die Wirkung der Droge nach, ruft aber schmerzhafte Entzugserscheinungen hervor. Süchtige kommen nur mit ärztlicher Unterstützung wieder von der Droge los und behalten Schäden zurück.

Das Leben genießen

Wie gehts dir gerade? Bist du auch wirklich nett zu dir? Bastle dir ein Gefühlsbarometer und trage deinen Gemütszustand ein. Schau dir die Kurve nach einer Woche an. Wenn du dich nie besser als »geht so« fühlst, solltest du dringend neuen Schwung in dein Leben bringen und dich ein bisschen verwöhnen! Auf den nächsten Doppelseiten findest du ein paar Anregungen dazu!

> Freude ist der Übergang des Geistes in einen perfekten Zustand.
>
> Baruch Spinoza, niederländischer Philosoph (1632–1677)

Gefühlsbarometer

	Mo	Di	Mi	Do	Fr	Sa	So
Megaglücklich!						X	
Seelenfroh		X					
Echt zufrieden	X				X		X
Voll ausgeglichen				X			
Ganz gelassen			X				
Geht so							
Schwer gelangweilt							
Ziemlich frustig							
Total verbissen							
Voll depri							

Was machst du am liebsten in deiner Freizeit?

Gehst du gern schwimmen, tanzen, Fahrrad fahren, ins Kino oder mit dem Hund spazieren? Bist du sportlich aktiv oder führst du naturwissenschaftliche Experimente durch? Liest, malst, singst, musizierst oder bastelst du gern? Interessierst du dich für Politik oder Umweltprobleme und engagierst dich bereits in entsprechenden Jugendgruppen? Oder sitzt du am liebsten vor dem Bildschirm? Tolle Fernsehfilme anzuschauen oder im Internet zu surfen kann ja Spaß machen, aber auf die Dauer verwandeln uns die Mattscheiben in passive, unzufriedene Stubenhocker und halten uns vom wirklichen Leben ab. Das muss nicht sein! Lass deine Fantasie schweifen und überlege, wie du mal Fun und Action, mal Ruhe und Entspannung ins Leben bringst. Wenn du auf deine innere Stimme hörst, Augen und Ohren offen hältst und deinem Gehirn spannende Aufgaben gibst, wirst du jeden Tag etwas Anregendes erleben, ganz ohne Computer oder Fernseher.

Entdecke die kleinen Freuden des Alltags! Man könnte mal wieder ...

... einen Brief schreiben
... einen Kräutergarten anlegen
... Vögel beobachten
... im Herbstlaub baden
... einfach die Sonne genießen und dabei lesen
... ein Mini-Schneeiglu bauen
... eine ungewöhnliche Sprache (z. B. Chinesisch) lernen
... in die Bücherei gehen
... auf dem Klavier klimpern
... ein Lied komponieren
... Weihnachtsgeschenke basteln
... das Zimmer umdekorieren
... Pfannkuchen backen
... dichten
... ein Bild malen
... Ostereier bemalen

Gib jedem Tag die Chance,
der schönste deines Lebens zu werden.

Mark Twain,
amerikanischer Schriftsteller (1835–1910)

Wenn wir etwas Gutes essen und so richtig satt sind, spendiert das Gehirn Botenstoffe, die froh machen. Auch was gut duftet, befriedigt die Sinne und schafft Glücksgefühle. Probiers aus!

Rosenduft

Du brauchst:

getrocknete Rosenblütenblätter
1–2 Tropfen ätherisches Rosenöl

So wirds gemacht:

Lege die getrockneten Rosenblätter in eine schöne Schale und stelle sie ins Badezimmer. Wenn der Duft verflogen ist, tupfe einige Tropfen Rosenöl darauf.

Hexenpunsch

Du brauchst:

1 1/2 Liter (2 Flaschen) Blutorangensaft
1 1/2 Liter Hagebuttentee (abgekühlt und gesüßt)
Saft von zwei frisch gepressten Orangen

So wirds gemacht:

Alle Zutaten in einem großen Saftkrug mischen.
In Sektgläser füllen, mit einer Orangenscheibe verzieren.

Pfannkuchen

Du brauchst:

4 Eier
1 Prise Salz
5 EL heißes Wasser
3 EL Mehl
Öl zum Braten

So wirds gemacht:

Die Eier mit Salz und Wasser schaumig schlagen. Das Mehl einrühren. Öl in einer Pfanne erhitzen. Den Teig portionsweise zu Pfannkuchen ausbacken. Dazu schmeckt Apfelmus, Zimtzucker oder Ahornsirup.

Zitronen-Ingwer-Tee

Du brauchst:

ca. 2 cm frische Ingwerwurzel
1 Stück unbehandelte Zitronenschale
1 Liter kochendes Wasser
Honig

So wirds gemacht:

Ingwerwurzel schälen, in kleine Stücke schneiden und zusammen mit der Zitronenschale in eine Tasse geben. Mit 1 Liter kochendem Wasser aufbrühen und ca. 3 Minuten ziehen lassen. Bei Bedarf mit Honig süßen. (Reicht für vier Personen!)
Gut bei nervösem Magen, Erkältung und Reiseübelkeit.

Entspannung pur

Guten Morgen!
Gleich heißt es aufstehen!
Eine Yoga-Übung macht dich wach und munter. Besonders wirksam ist eine vereinfachte Form des »Sonnengrußes«, die auch Anfängern gelingt:

- Stell dich aufrecht hin. Die Füße sind körperbreit voneinander entfernt, die Handflächen vor der Brust in Gebetshaltung zusammengepresst. Atme tief ein und aus.
- Bewege beim nächsten Einatmen die Arme seitwärts nach außen und hebe sie langsam kreisförmig in Richtung Kopf. Bring die Handflächen über dem Kopf zusammen und blicke dabei zu den Händen.
- Beuge beim Ausatmen die Knie, senke Kopf und Arme langsam und beuge den Oberkörper aus den Hüften nach vorn. Lass den Kopf sinken und lege die Fingerspitzen auf den Boden.
- Kehre beim Einatmen in die Ausgangshaltung zurück. Wiederhole die Übung nach einer Zwischenatmung mindestens zweimal.

Fühlst du dich müde, gestresst oder schlaff? Dann ist ein Entspannungsprogramm angesagt! Verwöhne dich zuerst mit einem Kräuterbad. Lege danach eine CD mit Entspannungsmusik ein, kuschle dich auf dem Bett oder Sofa in eine Decke. Schließe die Augen, konzentriere dich nur auf die beruhigenden Klänge und deine Atmung. Spürst du, wie dir das gut tut? Nach einer halben Stunde öffnest du die Augen, schneidest Grimassen, bewegst dich und stehst wieder auf. Gönn dir jetzt etwas Leckeres!

Melissen-Kräuterbad

Du brauchst:

150 g Melissenblätter

1 Stofftaschentuch oder Seidenstrumpf

So wirds gemacht:

Fülle die Melissenblätter in ein Taschentuch oder den Strumpf, knote es gut zu. Lege das Säckchen in die Badewanne und lass so viel heißes Wasser einlaufen, dass die Kräuter gut bedeckt sind. Warte eine Viertelstunde, bevor du das restliche Badewasser einlässt. Das Melissenbad entkrampft und beruhigt stressgeplagte Mädchen und sorgt für einen wohltuenden Schlaf.

Blaues Meersalzbad

Du brauchst:

2 Hand voll getrocknete violette Malvenblütenblätter
1 Stofftaschentuch oder Seidenstrumpf
200 g Meersalz

So wirds gemacht:

Fülle die Blüten in ein Taschentuch oder den Strumpf, knote es gut zu. Lege das Säckchen, das Salz und dich selbst in die Wanne. Das Meersalzbad regt den Kreislauf an und gilt als Schlankheitsbad. Nach dem Bad hinlegen und ausruhen.

Bratapfel mit Mandeln

Du brauchst (pro Person):

1 säuerlichen Bioapfel, 1 EL Rosinen, 1 TL Honig, 1 EL Mandelstifte

So wirds gemacht:

Apfel waschen, Kerngehäuse mit dem Apfelausstecher entfernen. Mit Rosinen, Honig und Mandelstiften füllen. In eine gefettete Schale geben und bei 200 °C ca. 20 Minuten backen. Lass dir von einem Erwachsenen dabei helfen!

Am Abend vor dem Schlafengehen, vor allem nach Sport oder einem anstrengenden Pauknachmittag, tut eine Fußmassage gut. Lass dir von Mutter, Schwester oder einer Freundin die Füße mit Sesamöl einreiben und sanft massieren. Danach die Füße mit milder Seife warm (aber nicht heiß) abduschen und warme Socken anziehen. So, nun bist du dran! Verwöhne die Füße deiner Lieben, knete und massiere jeden Zeh, jeden einzelnen Punkt von Sohle und Ferse. Vergiss nicht, ein Handtuch unter den Fuß zu legen, um Ölflecken zu vermeiden!

Gewürztee

Du brauchst (pro Person):

1 Tasse Roibuschtee
1 Prise Zimt (gemahlen)
1 Prise Anis (gemahlen)
1 Prise Nelken (gemahlen)

So wirds gemacht:

Den frisch aufgebrühten Tee mit Zimt, Anis und Nelken abschmecken und nach Belieben süßen.
Zimt steigert die Durchblutung und wirkt stimmungsaufhellend. Anis ist gut bei Blähungen und Einschlafschwierigkeiten.

Voll fit & gesund

Warum eigentlich? Warum sollen Mädchen nicht wie Couch-Potatoes (»Sofakartoffeln«) vor dem Fernseher sitzen, Kartoffelchips mampfen, Süßigkeiten vertilgen und süße Limo schlürfen? Warum sollen sie Möhrchen knabbern, zu viel Fettes und Süßes von ihrem Speisezettel verbannen und sich jeden Tag bewegen? Ganz einfach, weil Mädchen sonst dick, müde, schlapp und außerdem noch richtig krank werden – genauso wie Jungs, wenn sie sich ebenso ungesund verhalten. Übergewichtige Kinder haben als Erwachsene ein erheblich größeres Risiko, an Krankheiten wie Herzinfarkt oder Diabetes zu erkranken. Deshalb runter mit den Speckröllchen! Hungern sollst du dabei aber auf gar keinen Fall, im Gegenteil. Iss mit Appetit, so viel du magst, aber das Richtige! Baue Bewegung in deinen Alltag ein und suche dir eine Sportart, die dir viel Spaß macht. So bleibst du fit und gesund!

Moppelchen und Bohnenstange

Das Leben ist ungerecht. Dünne Mädchen können essen, was sie wollen. Sie nehmen einfach nicht zu. Bei Mädchen, die zu Übergewicht neigen, macht sich dagegen jeder Schokoriegel sofort bemerkbar. Beide, Moppelchen und Bohnenstange, leiden darunter, nicht dem Idealmaß zu entsprechen. Mädchen, die sich zu dünn finden, stopfen fette, süße Sachen in sich hinein, nur um zuzunehmen (dabei kommen weiblichere Formen doch irgendwann von allein). Und Moppelchen, die sich zu dick finden, machen Hungerkuren, weil sie unbedingt wie ein dürres Model aussehen wollen. Die Unzufriedenheit mit dem eigenen Körper kann so zu regelrechten Ess-Störungen führen. Vor allem Hungerkuren entwickeln sich nicht selten zur gefährlichen Magersucht, einer lebensbedrohenden Krankheit, die auch durch eine langjährige, intensive Behandlung nicht immer geheilt werden kann. Besser, als mit zweifelhaften Diäten zu experimentieren, ist es, seinen Körper so zu akzeptieren, wie er ist. Wenn du dich gesund ernährst und auf ausreichend Bewegung achtest, siehst du fit und schön aus, ob du nun etwas dicker oder dünner bist als die so genannte Norm!

Wie du dich gesund ernährst

- Iss Gemüse, Obst und Vollkornprodukte, dazu Fleisch, Fisch, Eier und Milchprodukte in Maßen, am besten Biokost.
- Meide Fastfood, Fertiggerichte, Chips und andere industriell hergestellte Lebensmittel, die oft viel Zucker und Fette sowie ungesunde Aroma-, Farb- und Zusatzstoffe enthalten.
- Trink Wasser oder ungesüßten Tee statt Limo und Fruchtsäfte.
- Iss wenig ungesundes Fett wie Butter, Sahne, Speck oder Salami. Schneide den Fettrand beim Fleisch weg. Ersetze fette Wurst durch leckere pflanzliche Brotaufstriche. Verwende kaltgepresstes Olivenöl und iss viel frisch gedünsteten Fisch, der gesunde Fette enthält.
- Iss nicht zu viel Weißbrot oder Nudeln und streiche Süßigkeiten weitgehend von deinem Speiseplan. Überkommt dich die Lust auf Süßes, iss am besten frisches Obst oder Kompott. (Ab und zu darfst du dir aber schon mal etwas Süßes gönnen!)

Wie du stark und fit wirst

Nutze für kurze Fahrtstrecken nicht die öffentlichen Verkehrsmittel, sondern gehe zu Fuß oder fahre mit dem Roller oder Fahrrad.

Steige Treppen rauf und runter, statt Aufzug oder Rolltreppe zu benutzen.

Führe einen Hund aus – täglich eine halbe Stunde spazieren zu gehen hält schon fit.

Wähle eine Sportart, die dir richtig liegt, und gehe ihr mindestens zweimal pro Woche nach. Auch in deinem Wohnort gibt es Sportvereine!

Wie wärs mit:

Joggen
Mannschaftssport (Fußball, Basketball, Hockey)
Turnen
Gymnastik oder Tanzen
Tennis, Badminton
Tischtennis
Leichtathletik
Judo, Karate
Kickboxen
Yoga, Tai-Chi, Qi Gong
...

Beauty-Queen

Mal ehrlich, kennst du ein weibliches Wesen, das sich nicht wünscht, gut auszusehen? Schau dir die Mädchen in deiner Klasse an. Nicht jede entspricht dem Idealbild des Models. Die eine hat eine große Nase, die andere Pickel oder ein paar Pfunde zu viel. Jede hat aber auch ansprechende Seiten, die dem Betrachter nur nicht immer sofort auffallen. Ein Mädchen, das sich äußerlich gehen lässt und jeden Tag muffig dreinschaut, weckt nur selten Sympathie. Beobachter schließen nämlich vom äußeren Erscheinungsbild auf die innere Verfassung, den Charakter, und lehnen diese Person vorschnell ab. Mädchen, die Zufriedenheit ausstrahlen, gut riechen, gepflegt und geschickt gekleidet sind, wirken hingegen attraktiv. Bei gesunder Ernährung, Pflege, passender Frisur und dem richtigen Outfit kann zwar nicht aus jedem Mädchen ein Model, aber doch eine kleine Schönheit werden. Denn nicht regelmäßige Gesichtszüge und eine perfekte Figur entscheiden darüber, ob wir jemanden schön finden, sondern eine positive Ausstrahlung, die sich auch in einem gepflegten Äußeren ausdrückt.

Bist du gepflegt? Ein kleiner Test

❍ Ich dusche einmal täglich.

❍ Ich benutze jeden Tag ein Deo.

❍ Ich wasche mein Gesicht zweimal täglich, evtl. mit Waschcreme oder Reinigungsmilch.

❍ Trockene, fettige und unreine Haut behandle ich mit speziellen Pflegeprodukten (z. B. Gesichtswasser, »Antipickelcreme«).

❍ Ich putze mir morgens und abends gründlich die Zähne und benutze täglich Zahnseide.

❍ Trockene Lippen pflege ich mit Lipgloss.

❍ Ich kämme und frisiere mich jeden Tag.

❍ Ich wasche die Haare alle zwei bis vier Tage.

❍ Lange Haare pflege ich mit einer Spülung.

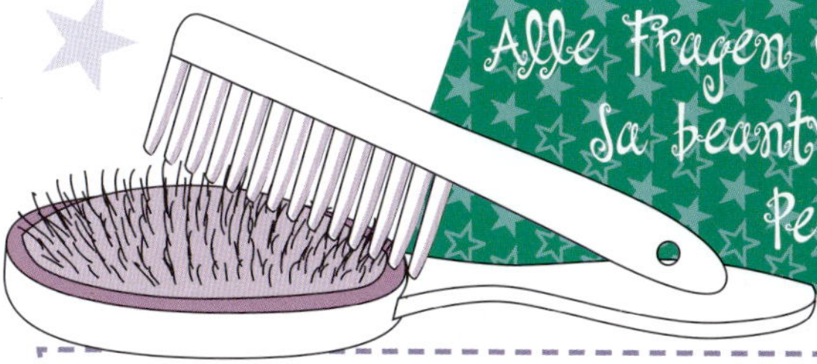

Alle Fragen mit Ja beantwortet? Perfekt!

> Schönheit ist ein offener Empfehlungsbrief, der die Herzen im Voraus für uns gewinnt.
>
> Arthur Schopenhauer, deutscher Philosoph (1788–1860)

Wie du dein Gesicht in einen pickelfreien Ort verwandelst

❶ Verzichte bei fettiger und unreiner Haut auf alle Hautcremes (außer »Antipickelcremes«).

❷ Reinige dein Gesicht regelmäßig morgens und abends mit einer Waschcreme (Spezialpräparat).

❸ Verwende ein Gesichtswasser für unreine Haut, das du nach dem Waschen mit einem Wattebausch aufträgst.

❹ Mache mindestens jeden zweiten Tag auf der T-Zone (Nase und Stirn) ein mildes Peeling. Dabei werden die toten Hornschüppchen der obersten Hautschichten entfernt. (Sie verstopfen nämlich die Poren, verhindern den Abfluss von Hautfett und führen so zu Mitessern und Pickeln.)

❺ Trage nach Reinigung bzw. Peeling auf die T-Zone oder einzelne Pickelchen Antipickelcreme auf.

❻ Tagsüber kannst du die Pickel zusätzlich mit einem antiseptischen Abdeckstift oder Spezialpuder abdecken. Er sollte immer heller als die Hautfarbe sein.

❼ Fettglanz auf Nase und Stirn entfernst du tagsüber mit einem Puderpapier-Blättchen.

Gut zu wissen!

Maskenhaft dicke Schminke kann Pickel hervorrufen und sieht unnatürlich aus. Wer eine klare Haut und eine schöne Gesichtsfarbe hat, kann ganz auf Make-up verzichten. Fettige und unreine Haut wirkt aber sauberer und gepflegter, wenn sie z. B. durch losen Transparentpuder mattiert wird. Ein Hauch Puderrouge in einem natürlichen Braunrosa lässt fahle, blasse Haut frischer wirken.

> Alles, was man mit Liebe betrachtet, ist schön.
>
> Christian Morgenstern, deutscher Dichter (1871–1914)

Wie du Pannen beim Friseur vermeidest

✂ Geh nicht zum erstbesten Friseur. Schau dir die Mitarbeiter im Salon gut an. Gefallen dir die Haarschnitte und das Styling?

✂ Betrachte deine Gesichtsform vor dem Spiegel. Ist sie eher rund, oval, vier- oder dreieckig?

✂ Blättere Modezeitschriften durch und suche nach Frisuren, die zu deiner Gesichtsform und deinem Typ passen könnten. Zeig sie dem Friseur und lass dich von ihm beraten.

✂ Wähle einen praktischen Haarschnitt. Denk daran, dass du die Frisur zu Hause selbst föhnen und stylen musst.

✂ Verändere deine Haarfarbe nicht zu stark. Das sieht nämlich meistens hart und unnatürlich aus. Einzelne farbige Strähnchen können die Frisur lebendiger machen und schonen die Kopfhaut.

✂ Lass dir keine Frisur aufdrängen. Gib klare Anweisungen, denn du musst dich mit dem Schnitt wohl fühlen. Nimm vielleicht zur Beratung eine Freundin oder deine Mutter mit zum Friseur.

✂ Ganz wichtig: Haare wachsen wieder nach!

Ein Schönheitstag

Ein geschicktes Make-up kann ein Gesicht stark verändern, die Vorzüge betonen und kleine Fehler kaschieren. Willst du dich auch einmal verwandeln? Dann triff dich doch mit deinen Freundinnen und veranstalte einen Schönheitstag. Experimentiert nach Lust und Laune mit Lidschatten, Lidstrich, Wimperntusche, Augenbrauen- und Lippenstift. Lasst euch verrückte Frisuren einfallen und tauscht eure Klamotten. Welches Outfit gerade angesagt ist, erfahrt ihr aus Mädchen-Zeitschriften. Für die Schule sind großes Make-up und Party-Klamotten aber nicht geeignet. Deinem Schwarm wirst du, wenn du ganz natürlich gepflegt erscheinst, bestimmt besser gefallen als mit schriller Kriegsbemalung! Und denk daran: Jedes Make-up muss abends sorgfältig entfernt werden, sonst verstärken sich Pickel und Hautunreinheiten!

Du bist so schön,
wie du dich innerlich fühlst.

Shopping

Irgendwann wird es passieren. Irgendwann kommt der Tag, da werden Klamotten für dich wichtig sein. Du schaust in den Spiegel und stellst fest, dass praktische Anoraks, Leggins und niedliche Blümchenkleider, die du bisher widerstandslos getragen hast, ab heute nicht mehr angesagt sind. Du willst jetzt aussehen wie deine Freunde und nicht mehr rumlaufen wie Mamas kleiner Liebling. Ein neues Outfit muss her! Umgehend machst du dich auf die Socken und ziehst durch die Läden, um dich neu einzukleiden, im Schlepptau Mutter, Freundin oder Clique. Du stöberst in Kaufhäusern, probierst coole Klamotten an, setzt seltsame Mützen auf und amüsierst dich köstlich. Und was vertreibt schlechte Laune besser als ein schickes neues Teil, das du eben frisch erstanden hast? Na eben. Aber pass bloß auf! Auch Einkaufen kann zur Sucht werden!

Seufz!

Was ist Mode?

Es ist ja doch nun einmal nicht anders:
Die meisten Menschen leben mehr
nach der Mode als nach der Vernunft.

Georg Christoph Lichtenberg,
deutscher Philosoph und Schriftsteller (1742–1799)

Gegen eine Dummheit, die gerade in Mode ist,
kommt keine Klugheit auf.

Theodor Fontane,
deutscher Schriftsteller (1819–1898)

Jede Generation lacht über Moden,
aber folgt den neuen treu.

Henry David Thoreau,
amerikanischer Schriftsteller (1817–1862)

Der gewöhnliche Kopf ist immer
mit der herrschenden Meinung
und der herrschenden Mode konform.

Georg Christoph Lichtenberg,
deutscher Philosoph und Schriftsteller (1742–1799)

Nichts ist so gefährlich wie das Allzumodernsein.
Man gerät in Gefahr, plötzlich aus der Mode
zu kommen.

Oscar Wilde,
englischer Schriftsteller (1854–1900)

Wie man seinen Stil findet

1. Kaufe oder leihe dir Modezeitschriften für Mädchen. Dort findest du viele Anregungen.
2. Informiere dich über die neuesten Trends, aber suche dir nur solche Klamotten aus, die zu deiner Figur sowie deiner Haut- und Haarfarbe passen. Probier aus, welche Farben dir am besten stehen, und lass dich dabei beraten.
3. Lass dir keine Stilrichtung aufzwingen. Kleidung muss nämlich nicht nur zur Figur und zur Haarfarbe, sondern vor allem zu deiner Persönlichkeit passen.
4. Schau dich im Spiegel an! Bist du das? Fühlst du dich in diesem Outfit wohl?
5. Probier ruhig verschiedene Stilrichtungen aus. Du entdeckst dabei ganz unterschiedliche Seiten an dir. Vielleicht magst du dich heute sportlich, morgen romantisch und übermorgen ausgeflippt!
6. Werde zum Trendsetter. Bestimme du, was »in« ist! Kombiniere dein Outfit nach Lust und Laune und peppe es mit witzigen Accessoires auf (z.B. einer Mütze aus Omas Kleiderschrank, Papas Hemd oder Mamas Gürtel). Inzwischen bezahlen viele Modedesigner Trendscouts, die sich unter die Jugendszene mischen und abgucken, was euch so alles einfällt!

No Logo

Mode macht Spaß und ist für Mädchen die schönste Nebensache der Welt. Welches weibliche Wesen will nicht Stil haben oder trendy sein? Aber müssen wir deshalb gleich dem Markenwahn verfallen? Warum kaufen wir Turnschuhe von Nike, Puma oder Adidas und keine anderen? Viele Markenturnschuhe, -klamotten, Spiele und Computer werden in Niedriglohnländern hergestellt, wo Arbeiter 12 bis 16 Stunden am Tag für Hungerlöhne arbeiten. Man hat errechnet, dass ein haitianischer Arbeiter, der für eine bestimmte Firma mit bekanntem Logo Schlafanzüge näht, fast 17 Jahre arbeiten muss, um die knapp 10 000 Dollar zu erreichen, die sein Chef pro Stunde verdient! Mehr Geld als für Material, Design und die Löhne der Arbeiter geben die hippen Firmen nämlich für Werbekampagnen aus, die uns vorgaukeln, dass es cool ist, mit genau diesen Turnschuhen herumzulaufen. Wir zahlen die Werbekosten für einen Lebensstil, den sich andere für uns ausgedacht haben, und machen Leute reich, die Arbeiter gewissenlos ausbeuten.
Wollen wir das wirklich?

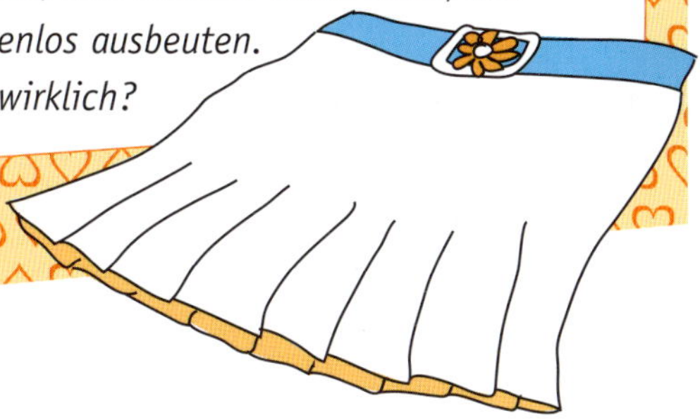

Mein Handy und ich

Handys sind aus dem Alltag nicht mehr wegzudenken Hast du auch eins? Echte Handy-Fans nutzen das handliche Gerät nicht nur zum Telefonieren oder zum Verschicken einer SMS, sondern auch als Taschenrechner, zum Musikhören oder Spielen. Als Helfer in der Not hat es sich ohnehin schon in vielen Situationen bewährt. Man ist jederzeit erreichbar, kann sich melden, wenn man sich verspäten wird, oder Hilfe holen, wenn etwas passiert ist. Doch auch wenn das kleine Gerät eine nützliche Erfindung ist, mit der man viel Spaß haben kann, sollten Kinder seinen Gebrauch einschränken. Es ist nämlich noch immer nicht endgültig geklärt, ob die elektromagnetische Strahlung, die vom eingeschalteten Handy ausgeht, wirklich keine gesundheitlichen Schäden hervorruft. Hinzu kommen die hohen Kosten, die schon viele Sparschweinbesitzer in den Ruin getrieben haben. Ständig am Handy zu hängen ist ganz schön teuer! Deshalb Handys nur gezielt nutzen und sporadisch einsetzen!

Kennst du die Handy-Regeln?

❶ In der Schule wird das Handy während des Unterrichts ausgeschaltet. In manchen Schulen sind Handys sogar grundsätzlich verboten!
❷ In Krankenhäusern und Kirchen wird das Handy ausgeschaltet. Auch im Restaurant oder in öffentlichen Verkehrsmitteln können Gespräche stören!
❸ Denke bei jedem Telefonat an die Kosten, damit du keine Überraschungen erlebst!

Nützliche SMS-Kürzel

J	*(juhu! = Smiley = Freude)*
J))	*(superklasse!! = Begeisterung)*
:-o	*(echt? = Überraschung)*
:-/	*(ich weiß nicht = Zweifel, Skepsis)*
L	*(ich bin mies drauf = Frust)*
(L	*(ich bin richtig depri = Traurigkeit)*
3st	*(dreist = Frechheit!)*
8ung	*(Achtung!)*
Dg	*(dumm gelaufen)*
Gngn	*(geht nicht, gibts nicht)*
Iloveu	*(ich liebe dich)*
Douloveme2?	*(Liebst du mich auch?)*
Ih8u	*(ich hasse dich)*
Tp!	*(think pink! = denke positiv)*

Gut zu wissen!

Mit dem Handy kann man bekanntlich nicht nur telefonieren, sondern auch eine SMS (»Short Message Service«, auf Deutsch »Kurznachrichtendienst«) schicken. Man tippt die SMS in sein Handy, schickt sie ab, und am Handy des Empfängers ertönt ein kurzer Signalton oder es vibriert. Mittels SMS kann man also prima Nachrichten austauschen, ohne andere durch Klingeltöne oder Gespräche zu stören. Eine SMS kommt auf dem Handy des Empfängers immer an, auch wenn der das Gerät abgeschaltet hat oder gerade telefoniert. Auf einer Chipkarte im Handy werden nämlich bis zu 15 Nachrichten gespeichert. Aber denk daran: Auch eine SMS kostet Gebühren!

SMS-Texte für viele Gelegenheiten

(nicht länger als 160 Zeichen!)

SMS an gewisse Jungs:

- Der süßeste Junge in der Klasse liest gerade diese SMS.
- Jemand, der dich mag, wünscht dir einen schönen Tag.
- 8ung SMS-Bussi! Bitte dicht an die Wange halten!

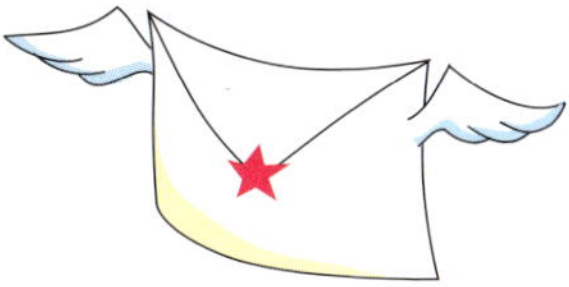

Kitsch-SMS:

❤ Schau hinauf zum Himmelszelt, such dir ’nen Stern, der dir gefällt. Dein soll er sein an diesem Tag. Ich schenk ihn dir, weil ich dich mag.

❤ Zwei Vögel, die sich küssen und nichts von Falschheit wissen, so liebevoll und rein soll unsre Freundschaft sein!

Urlaubs-SMS an die Clique:

- Wetter vorzüglich, Stimmung wie üblich.
- O.k. ist das Futter, doch leider nervt Mutter.
- Echt doof ist keiner, voll süß nur einer.

SMS-Einladung:

✉ Weil du ne prima Freundin bist, mit der man gern zusammen is(s)t, lad ich dich herzlich ein, heut Abend mal mein Gast zu sein.

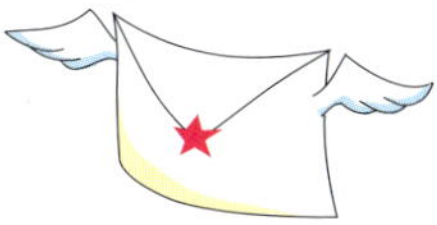

Quatsch-SMS:

☺ Sorry, dass ich mich so spät melde, musste meine Schildkröte noch aus dem Winterschlaf erwecken!

☺ Glaubst du an Liebe auf den ersten Blick oder soll ich noch mal an dir vorbeisprinten?

Sparschwein, wie gehts?

Schon wieder leer? Das darf doch nicht wahr sein! Ein paar Süßigkeiten hier, ein Comicheft dort, die neue Sonnenbrille, ein Geburtstagsgeschenk für Papa – und schon klimpert es nicht mehr, das Sparschwein. Mager ist es geworden, es nagt am Hungertuch, und nirgendwo am Horizont zeichnet sich Hoffnung auf Münzen und Scheine ab. Der Besuch einer reichen Tante steht nicht an, ein Lottogewinn ist nicht zu erwarten. Und neues Taschengeld gibts erst wieder im nächsten Monat! Aus dem neuen CD-Player wird wohl so schnell nichts werden. Tja, mit Geld umzugehen ist eine Kunst, die nicht jeder beherrscht. Oder gehörst du zu den Leuten, denen das Sparen leicht fällt? Dann empfiehlt es sich, die nächsten Seiten zu überspringen. Und falls nicht, kannst du weiterlesen und dir ein paar Tricks abgucken.

Das tut deinem Sparschwein gut

✔ Nutze das Handy nur für Notfälle, das spart Gebühren.

✔ Halte die Kohle zusammen, gib sie nicht leichtfertig für Süßigkeiten und ähnliches Zeug aus.

✔ Zähme deine Einkaufssucht und überlege dir, bevor du die Geldbörse zückst, genau, ob du das Teil, das dich gerade so magisch anzieht, auch wirklich brauchst.

✔ Lass dich von der Werbung nicht einlullen. Bestimme selbst, was für dich nützlich und attraktiv ist und was nicht.

✔ Kauf nicht das erstbeste Teil, sondern vergleiche die Angebote. Entscheide dich für das Teil mit dem besten Preis-Leistungs-Verhältnis.

✔ Konzentriere dich in deiner Freizeit auch auf Aktivitäten, für die man kein Geld braucht.

✔ Du wirst sehen: Ohne Moos ist wohl was los!

> „Arm ist nicht, wer zu wenig besitzt, sondern wer zu viel haben möchte."
>
> Lucius Annaeus Seneca,
> römischer Dichter und Philosoph (um 4 v.Chr.–65 n.Chr.)

Wie man prima mit Geld umgeht

1. Verteile dein monatliches Taschengeld grundsätzlich auf vier Sparschweine (oder Kästchen): In das erste kommt das Geld, das du jeden Monat für billige Einkäufe (z. B. ein Comicheft) nutzt. Das zweite ist für etwas teurere Wünsche (etwa eine neue CD), das dritte für ganz teure, langfristige Ziele (z. B. ein iPod) vorgesehen. Falls du ein Handy besitzt, das du von deinem Taschengeld finanzieren musst, solltest du in einem weiteren Sparschwein, dem Handy-Schwein, jeden Monat Geld für eine neue Prepaid-Card zurücklegen.
2. Verteile Geldgeschenke, die du zum Geburtstag oder zu Weihnachten bekommst, auf alle vier Sparschweinchen.
3. Gib jeden Monat möglichst nur das Geld im ersten Schweinchen, dem Verbrauchsschweinchen, aus.
4. Erfüll dir deine Wünsche, wenn du dir die Summe, die du dafür brauchst, zusammengespart hast.

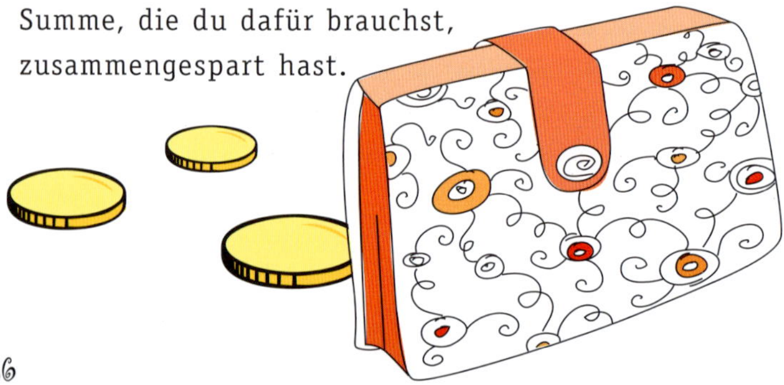

Wie man ein bisschen Geld dazuverdient

1. Wünsche dir Geld und lege es auf einem Sparbuch an. Da bekommst du Zinsen.
2. Verkaufe deine ausrangierten Kleider und Spielsachen auf dem Flohmarkt (aber nur mit Erlaubnis deiner Eltern!).
3. Frage bei Nachbarn und Bekannten nach, ob du gegen kleine Bezahlung mithelfen kannst beim Babysitten, als Urlaubsdienst für Tiere oder im Garten.

Gut zu wissen!

Kinderarbeit ist in Deutschland verboten. Kinder unter 13 Jahren brauchen eine Ausnahmegenehmigung der Behörden, ein Attest und die Einwilligung der Eltern (z. B. für Film- oder Fernsehauftritte). Auch zwischen 13 und 15 Jahren darf nicht mehr als zwei Stunden pro Tag (in der Landwirtschaft drei), nicht nach 18 Uhr, nicht vor oder während der Schulzeit und nicht mehr als fünf Tage in der Woche gearbeitet werden. In den Ferien sind vier Wochen pro Jahr erlaubt. Zwischen 15 und 17 gelten weniger strenge Regeln. Etwa 700 000 Kinder arbeiten nach der Schule. Die Jobs (z. B. Prospekte verteilen) sind aber meist sehr schlecht bezahlt.

Die Quellen des Glücks

Wer im Lotto gewinnt, hat Glück gehabt, und wer nach einem Unfall querschnittsgelähmt im Rollstuhl sitzt, müsste eigentlich tieftraurig sein. Das ist aber nicht so! Durch Befragungen hat man herausgefunden, dass das Glücksgefühl des Millionärs meist nicht lange anhält und dass der Rollstuhlfahrer, wenn er schließlich sein Schicksal akzeptiert hat, kein bisschen unglücklicher ist als vor dem Unfall. Er kann sogar glücklicher sein als der Millionär! Denn Glück ist nicht nur die Abwesenheit von Unglück und auch nicht von Geld, Luxus und Schönheit abhängig. Menschen können in fast jeder Lage glücklich sein. Auch du! Und das Beste: Glück kann man lernen!

> Deine erste Pflicht ist, dich selbst glücklich zu machen. Bist du glücklich, so machst du auch andere glücklich.
>
> Ludwig A. Feuerbach, deutscher Philosoph (1804–1872)

Kaum zu glauben!

Glück ist ein vorübergehender Zustand des Wohlbefindens in unserem Gehirn – und wir können selbst dazu beitragen, dass dieses angenehme Gefühl sich immer wieder einstellt. Wir haben im Kopf nämlich eigene »Schaltungen« für gute und schlechte Gefühle. Indem wir uns gezielt in Situationen versetzen, die gute Gefühle hervorrufen, stärken wir die dafür zuständigen Hirnbereiche und damit unsere Glücksfähigkeit. Buddhisten vergleichen unser Bewusstsein mit einem Stück Land, auf das man Samen einbringen kann, Samen für Schmerz, Leid, Glück, Freude, Kummer, Furcht, Ärger und Hoffnung. Wenn wir Freude erleben oder etwas Schönes sehen, bewässern wir die Samen für Freude und Schönheit in uns, während die Samen von Sorgen und Kummer langsam verdorren. Freude und Glücksgefühle regen unsere Selbstheilungskräfte an und geben uns die Kraft, unser Leben zu meistern. Mit frischer Energie können wir uns dafür einsetzen, dass die Welt friedlich, gewaltfrei und gerecht wird.
Also, weg mit Frust und Traurigkeit!
Mach dir das Leben schön!
Welcher Weg für dich dabei der richtige ist, wirst du selbst herausfinden!

Wie man sein Gehirn auf Glück programmiert

- Gib negativen Gefühlen wie Angst und Wut nicht lange Zeit, sich in dir festzusetzen.
- Vermeide den Zustand des trägen Nichtstuns, vor allem wenn du traurig bist.
- Such dir befriedigende Kontakte zu anderen. Liebe und Freundschaft machen glücklich!
- Schenke den Menschen, die du gern hast, Aufmerksamkeit und Zeit. Dadurch verbessert sich auch deine eigene Stimmung.
- Treibe Sport, das macht gute Laune.
- Betreibe keine Nabelschau und richte den Blick nicht ständig in dein Inneres, wenn du dich mal schlecht fühlst. Interessiere dich für die Welt und das, was draußen vor sich geht.
- Schärfe deine Sinne für das Schöne und Gute, auch wenn du Probleme hast (bzw. siehst) und diese nicht (sofort) lösen kannst.
- Sei aktiv, gib deinem Gehirn Beschäftigung, sonst meldet es Frust. Setz dir kleine Ziele und verschaffe dir Erfolgserlebnisse, aber überfordere dich nicht.
- Mach dir selbst immer wieder kleine Freuden und sorge dabei für Abwechslung.

Gut zu wissen!

Die meisten Alltagsprobleme, für die Kinder selbst verantwortlich sind, ob schlechte Noten oder Zoff mit der Clique, lassen sich mit Nachdenken und gutem Willen lösen. Viele Kinder fühlen sich aber auch durch Probleme belastet, die sie nicht beeinflussen können. Manche machen sich z. B. Sorgen, ihre Eltern könnten sich scheiden lassen, oder haben Angst, dass die kranke Oma stirbt. Sie sind traurig und wollen den Erwachsenen helfen, merken aber, dass sie machtlos sind. Sprich in solchen Fällen mit Eltern, Freunden und Geschwistern über deine Probleme, aber lass das Grübeln. Es lohnt sich nicht, über Geschehnisse, die wir nicht ändern oder beeinflussen können, ständig nachzudenken. Der kranken Oma können nur die Ärzte helfen, und deine Eltern müssen für ihr Problem selbst eine Lösung finden. Du bist ein Kind und dafür nicht zuständig! Versuch die trüben Gedanken aus deinem Kopf zu verdrängen. Lenk dich ab, werde aktiv, treibe Sport, triff dich mit Freunden, lies ein Buch oder schaue dir Gute-Laune-Filme an. Sei nett zu dir selbst, gerade in Sorgenzeiten!

Mädchen in Not

Es ist eigentlich gar nicht so schwer. Wenn wir Verantwortung für unser Leben übernehmen, können wir selbst sehr viel dafür tun, unsere Alltagsprobleme in den Griff zu bekommen und glücklich und zufrieden zu sein. Es gibt aber auch Ausnahmesituationen, in denen jedes Mädchen überfordert ist, sich selbst zu helfen. Wenn du so große Probleme hast, dass du dich nicht einmal deiner Mutter anvertrauen kannst, verzweifle nicht. Du bist nicht allein! Denn für Mädchen in Not gibt es inzwischen viele Anlaufstellen. Wenn du anrufst oder persönlich vorbeikommst, findest du Verständnis, Anteilnahme, Trost und praktische Hilfe. Du musst deinen Namen am Telefon nicht nennen, wenn du es nicht willst. Trag dein Problem nicht allein mit dir herum, sondern besprich es mit den Fachleuten in den Beratungsstellen (siehe Adressteil). Sie sind einfühlsam, kennen sich aus und werden auch für dich eine gute Lösung finden. Wenn du dir deinen Kummer von der Seele geredet hast, wirst du dich gleich besser fühlen, und schon bald sieht die Welt nicht mehr so grau und düster aus!

Mit solchen Problemen kann kein Mädchen allein fertig werden:

- Obdachlosigkeit
- Vergewaltigung und sexueller Missbrauch
- Drogenabhängigkeit
- Teilnahme an Straftaten
- ungeplante Schwangerschaft
- Mobbing
- Depressionen und Selbstmordfantasien
- Angst vor der Schule
- schwere Probleme mit den Eltern

Egal, welches Problem dich bedrückt, wähle die Nummer gegen Kummer, ruf den Kinderschutzbund oder eine Beratungsstelle in deiner Nähe an! Man wird dir helfen.

„Selbst ein Weg von tausend Meilen beginnt mit einem Schritt."

Japanische Weisheit

„Es ist besser, eine Kerze anzuzünden, als die Dunkelheit zu beklagen."

Konfuzius,
chinesischer Philosoph (551–479 v.Chr.)

Mädchen in Not: Adressen

Beratungsstellen in Deutschland

- Kinder-/Jugendtelefon: Die Nummer gegen Kummer!

0800/111 03 33 (gebührenfrei)
Mo–Sa 14–20 Uhr

- Telefonseelsorge (gebührenfrei)

0800/111 0-222 (kath.) oder -111 (evang.)

- Soziales Auskunftstelefon

0221/98 222 22
Mo–Fr 8–18 Uhr

Beratungsstellen in Österreich

- Kinderschutzzentrum Wien

01/526 18 20
Mo, Mi, Do 10–12/16–18 Uhr
Di, Fr 14–16 Uhr

- Das Wiener Kindertelefon

01/319 66 66
E-Mail: Kindertelefon@m11.magwien.gv.at

- Kindernotruf

0800/56 75 67 (gebührenfrei)

Beratungsstellen in der Schweiz

- Telefonhilfe für Kinder und Jugendliche

24 Stunden erreichbar unter der Nummer 147

- Schlupfhuus Zürich

043/268 22 66

- Jugendberatungsstelle der Stadt Zürich

044/44 450 50

Internet:

www.bke.de
www.Youngavenue.de
www.profamilia.de
www.jugendinformation-nuernberg.de
www.dksb.de

Gefahr in den Ferien
SoKo Ponyhof – Band 1
ISBN 978-3-7607-3643-3

Das gestohlene Gemälde
SoKo Ponyhof – Band 2
ISBN 978-3-7607-3644-0

Die Jagd nach dem Dieb
SoKo Ponyhof – Band 3
ISBN 978-3-7607-5231-0

Mädchen vermisst!
SoKo Ponyhof – Band 4
ISBN 978-3-7607-6396-5

Bei dieser spannenden Pferde-Reihe kommen pferdevernarrte Mädchen voll auf ihre Kosten: Die Pferde-Krimis enthalten zusätzlich jede Menge Pferde-Infos und mit dem beigelegten Krimi-Skizzenbuch lässt sich der Krimifall leichter lösen.